COACHING
PARA
CONCURSOS

Métodos de aprendizagem acelerada e
plano de estudo para exames e provas

Grupo
Editorial
Nacional

O GEN | Grupo Editorial Nacional – maior plataforma editorial brasileira no segmento científico, técnico e profissional – publica conteúdos nas áreas de ciências sociais aplicadas, exatas, humanas, jurídicas e da saúde, além de prover serviços direcionados à educação continuada e à preparação para concursos.

As editoras que integram o GEN, das mais respeitadas no mercado editorial, construíram catálogos inigualáveis, com obras decisivas para a formação acadêmica e o aperfeiçoamento de várias gerações de profissionais e estudantes, tendo se tornado sinônimo de qualidade e seriedade.

A missão do GEN e dos núcleos de conteúdo que o compõem é prover a melhor informação científica e distribuí-la de maneira flexível e conveniente, a preços justos, gerando benefícios e servindo a autores, docentes, livreiros, funcionários, colaboradores e acionistas.

Nosso comportamento ético incondicional e nossa responsabilidade social e ambiental são reforçados pela natureza educacional de nossa atividade e dão sustentabilidade ao crescimento contínuo e à rentabilidade do grupo.

ARNALDO MARION E MARCELINO VIANA

COACHING PARA CONCURSOS

Métodos de aprendizagem acelerada e plano de estudo para exames e provas

gen

EDITORA MÉTODO

CIP-BRASIL. CATALOGAÇÃO NA PUBLICAÇÃO
SINDICATO NACIONAL DOS EDITORES DE LIVROS, RJ

M295c

Marion, Arnaldo
Coaching para concursos : métodos de aprendizagem acelerada e plano de estudo para exames e provas / Arnaldo Marion, Marcelino Viana. - 1. ed. - Rio de Janeiro : Método, 2021.

Inclui bibliografia
ISBN 978-85-309-9316-0

1. Método de estudo - Manuais, guias, etc. 2. Exames - Manuais, guias, etc.
I. Viana, Marcelino. II. Título.

20-68111

CDD: 371.30281
CDU: 37.091.398

Meri Gleice Rodrigues de Souza - Bibliotecária - CRB-7/643

abdr
ASSOCIAÇÃO BRASILEIRA DE DIREITOS REPROGRÁFICOS
Respeite o direito autoral

Sumário

Introdução

Provas, exames e testes representam uma parcela significativa das inúmeras etapas que um indivíduo precisa atravessar para iniciar, impulsionar e conquistar uma sonhada carreira ou posição profissional. Para muitos, é o maior desafio que já tiveram que enfrentar até o momento, aparentando ser uma montanha alta demais para se conquistar. Fica evidente que, para chegar ao topo, precisa-se de um pouco mais do que somente boa intenção e pensamento positivo. Sim, estamos falando de trabalho duro, horas de estudo, planejamento, métodos, dedicação e sacrifícios pessoais. Vamos tratar de tudo isso, mas neste momento precisamos responder a uma única pergunta essencial: vale a pena todo o esforço? A resposta a essa pergunta será a força propulsora que conduzirá você, leitor, pelos diversos picos e vales de uma jornada para o sucesso.

Bem, uma das formas práticas de responder a essa pergunta é ouvir o depoimento de alguém que já chegou lá. Ou ainda, após terminar de ler esta seção, fazer uma visualização criativa. Vá a um lugar silencioso e sem distrações, feche os seus olhos e respire fundo três vezes. O que tem a perder? Experimente. Com seus olhos fechados, avance no tempo. Veja-se no dia do resultado da sua prova.

Para dar mais vida, coloque cor, temperatura e áudio. Imagine-se no lugar específico onde vai receber a notícia. Qual roupa está vestindo? Quem são as pessoas importantes que estarão com você? Muito bem. Quando estiver pronto, entre nessa imagem em 3D.

Ótimo. Agora preste atenção em como está se sentindo neste momento. Você recebe a notícia não só de uma aprovação no seu exame, mas de um resultado extraordinário – você mal pode acreditar, um turbilhão de emoções aquece seu coração, e você tem vontade de bradar a vitória, pular, gritar, abraçar um completo estranho do seu lado. Você sente o orgulho de ter enfrentado e vencido suas lutas. Seu futuro está começando; seus sonhos, se cumprindo; sua família e amigos, celebrando com você e dizendo: "Eu sabia que você ia conseguir, sabia que era capaz!". Tire uma foto desta memória do futuro e a guarde no seu coração.

Agora que visitou um futuro possível, me responda com toda a sinceridade e coragem: vale a pena todo o esforço?

O que você pode esperar deste livro?

Este livro foi escrito para impulsionar pessoas que querem ir além do seu *status quo*. Homens e mulheres que sonham "grande demais" para a maioria das pessoas e são capazes de enxergar um futuro para si maior que as estatísticas, maior que a opinião dos críticos de plantão que os rodeiam, maior que o pessimismo, maior que as crises, maior que o medo do fracasso ou até mesmo maior que uma descrença pessoal momentânea. Pessoas que genuinamente acreditam que ainda não encontraram o seu limite e não maximizaram seu verdadeiro potencial e, por mais que não saibam exatamente como o farão, estão dispostas a enfrentar as muitas adversidades da vida para conquistar o que um dia imaginaram ser "inconquistável".

Este livro é uma caixa de ferramentas e um guia preparatório para a construção de um plano de aprendizagem acelerada, com base em métodos cientificamente testados. Foi estruturado e formatado como um processo de coaching que guiará você passo a passo na construção de um plano preparatório customizado para sua realidade, considerando seu nível de preparo atual, bem como seu nível de preparo desejado. Considerará um prazo de preparação realista, mas ao mesmo tempo desafiador. Abordará estratégias tradicionais de aprendizagem e outras inovadoras e revolucionárias. Focará a construção de um mindset de crescimento que conduzirá você a construir a determinação para vencer armadilhas emocionais redutoras de possibilidades, que anulam o senso de capacidade e paralisam a inteligência.

Por fim, este livro foi escrito por dois professores e coaches apaixonados pela ciência do aprender, que dedicaram anos ajudando pessoas a maximizar seu potencial e a enfrentar obstáculos de aprendizagem, e seguramente equipará você na jornada preparatória do seu próximo exame.

A ciência de como o cérebro aprende

Aprender de forma efetiva e acelerada é o tema central deste livro. Surpreendentemente, poucas pessoas são ensinadas a aprender. Mesmo professores universitários, que passam anos no sistema educacional e obtêm os mais elevados títulos acadêmicos, aprendem, em sua maioria, fazendo o que lhes parece melhor, mas raramente consultando a literatura sobre como as pessoas aprendem.

Se você está se preparando para uma prova de concurso, provas para certificação profissional, exames de suficiência ou simplesmente provas escolares, a principal habilidade a se desenvolver é a de aprender. Para isso, consideraremos três aspectos cruciais: (1) como seu cérebro aprende, (2) quais estratégias trazem mais aprendizado e (3) em que circunstâncias a aprendizagem ideal ocorre.

Novas descobertas sobre como o cérebro humano aprende deixam claro que muitas das práticas de aprendizagem usadas no passado e que estudantes continuam a usar como método primário são altamente ineficientes, ineficazes ou simplesmente erradas. A melhor aprendizagem nem sempre requer mais esforço ou mais tempo; em vez disso, deve-se alinhar as demandas de estudo com a forma como o seu cérebro aprende naturalmente. Iremos, portanto, explorar recursos que irão ampliar significativamente os resultados de sua aprendizagem, ajudando você a aprender em harmonia com o seu cérebro.

Assuma o controle da sua capacidade de aprender

Tradicionalmente, nossa aprendizagem é medida pela forma como repetimos as informações que nos foram passadas. Esse acúmulo e regurgitação de dados quase sugere que o aprendizado é um processo automatizado que podemos monitorar, mas não controlar. Na verdade, temos grande controle sobre a nossa aprendizagem a partir do momento em que reconhecemos os fatores limitadores e as condições que afetam a nossa capacidade de aprender. Por isso, entender esses elementos pode ajudá-lo a evitar erros e acelerar seu aprendizado. Este livro usa princípios e métodos científicos que o ajudarão a aprender efetivamente a partir de um sistema que melhor se enquadre no seu estilo pessoal de aprendizagem. Lembre-se: todas as atividades mentais, incluindo a aprendizagem, são influenciadas por fatores e condições internas e externas. Vamos compreender quais fatores podemos controlar e quais teremos que superar ou contornar.

Vamos apresentar de maneira objetiva os elementos de como criar condições férteis para uma aprendizagem eficaz, antecipando armadilhas e processos sabotadores usuais.

Resumo dos capítulos

Este livro foi organizado como um guia de autoaplicação, em uma sequência que visa orientar o desenvolvimento de um plano de aprendizagem acelerada, integralizando recursos e ferramentas de coaching em cada uma de suas etapas.

MATERIAL SUPLEMENTAR

Acesse o GEN-IO para ouvir os comentários dos autores sobre cada capítulo

CAPÍTULO 1: REAPRENDENDO A APRENDER

Quer você seja aquele aluno que só ouvindo as aulas do professor era capaz de ir bem nos exames, quer você seja aquele que fazia anotações em aula e estudava em casa, em algum momento da sua trajetória você certamente encontrou níveis de desenvolvimento que são complexos demais para manter as mesmas estratégias que funcionaram até ali. Torna-se necessário reaprender a aprender. Neste capítulo vamos desconstruir ideias e hábitos de estudo e aprendizagem baseados em ideologias, crendices populares e hábitos ineficazes que construímos ao longo dos anos. A partir dos estudos da professora Barbara Oakley, da Universidade de Oakland, vamos introduzir dez estratégias cientificamente comprovadas para uma aprendizagem eficaz e conhecer dez armadilhas que usualmente sabotam esse processo.

CAPÍTULO 2: MINDSET DE CRESCIMENTO

O mindset (tipo de mentalidade) que alguém cultiva determinará os resultados que obterá. Por isso, o mindset é o ponto de partida da nossa jornada para uma aprendizagem de alto resultado. Das propostas revolucionárias da professora Carol Dweck, da Universidade Stanford, você irá explorar neste capítulo o contraste entre os dois tipos de mindset: o de crescimento e o fixo.

Ao contrário de um mindset fixo, pessoas com um mindset de crescimento acreditam que qualquer habilidade pode ser desenvolvida com dedicação e trabalho, e que a inteligência e o talento são apenas um ponto de partida. Criam afeto pela aprendizagem e a resiliência necessária para conquistar resultados extraordinários.

Você descobrirá, ainda neste capítulo, 15 formas para desenvolver um mindset de crescimento.

CAPÍTULO 3: MAPA DE APRENDIZAGEM

No Capítulo 3 nos dedicaremos a criar um mapa de aprendizagem. Como em qualquer mapa, teremos uma origem e um destino. Aqui você poderá estabelecer objetivos de aprendizagem, definir seu escopo de estudo e níveis de domínio para cada tópico de estudo. Poderá ainda criar um plano organizado e sequenciado mesclando técnicas de aprendizagem e organizar um cronograma detalhado para gerenciamento do tempo de estudo dentro de um prazo definido. Por fim, você poderá converter seu plano de estudo em microrrotinas e hábitos diários.

CAPÍTULO 4: MEMORIZAÇÃO E APRENDIZAGEM ACELERADA

Apresentamos neste capítulo estratégias e métodos cientificamente comprovados para uma aprendizagem acelerada e efetiva. Dominar estas técnicas não só lhe economizará incontáveis horas de estudo, mas fará da sua aprendizagem um processo indolor, envolvente e habitual. Além disso, este capítulo trata das ansiedades e dos medos que paralisam os candidatos diante de seus desafios seletivos e ensina como retomar o controle de suas emoções para aprender de forma saudável e estratégica e, claro, memorizar, por meio de técnicas precisas, os conteúdos necessários para atingir seus objetivos. Assim, com as práticas adequadas de aprendizagem e o controle das emoções, pode-se otimizar os editais, aumentando a produtividade.

CAPÍTULO 5: ÀS VÉSPERAS DA PROVA

Tão crucial quanto sua jornada preparatória será sua preparação final na véspera do exame. O último capítulo é 100% dedicado aos preparativos da reta final. Como um atleta que prepara mente, emoção e corpo antes da competição, propomos um programa completo para os seus últimos cinco dias antes do exame e o dia da prova. Você aprenderá a aplicar um plano que ajudará a reduzir sua ansiedade e maximizar seu desempenho no grande dia. Conhecerá desde práticas que ativam a sua capacidade biológica de memorização até a alimentação que aumentará seus níveis de atenção e raciocínio lógico e colocará você em sintonia com o momento de maneira equilibrada e saudável. Seu ritual final de preparação é a cereja no topo do bolo do seu sucesso.

1

Reaprendendo a Aprender

O aprendizado não é alcançado por acaso;
deve ser buscado com ardor e atendido com diligência.

Abigail Adams

🎯 OBJETIVOS DO CAPÍTULO

Quer você seja aquele aluno que só ouvindo as aulas do professor era capaz de ir bem nos exames, quer seja aquele que fazia anotações em aula e estudava em casa, em algum momento da sua trajetória você certamente encontrou níveis de desenvolvimento que são complexos demais para manter as mesmas estratégias que funcionaram até aqui. Torna-se necessário reaprender a aprender. Neste capítulo:

→ Vamos desconstruir ideias e hábitos de estudo e aprendizagem com base em ideologias, crendices populares e hábitos ineficazes que construímos ao longo dos anos.

→ A partir dos estudos da professora Barbara Oakley, da Universidade de Oakland, vamos introduzir dez estratégias cientificamente comprovadas para uma aprendizagem eficaz e conhecer dez armadilhas que usualmente sabotam esse processo.

1.1 Como o nosso cérebro aprende?

Um bom lugar para começar nossa jornada de potencialização da aprendizagem é saber um pouco sobre como o nosso cérebro aprende. Enquanto todo mundo aprende de maneira um pouco diferente, temos semelhanças na maneira como nosso cérebro obtém novas informações, e saber como isso funciona pode nos ajudar a escolher as estratégias mais eficientes para aprender coisas novas (Figura 1.1).

Figura 1.1 Fábrica neural do cérebro

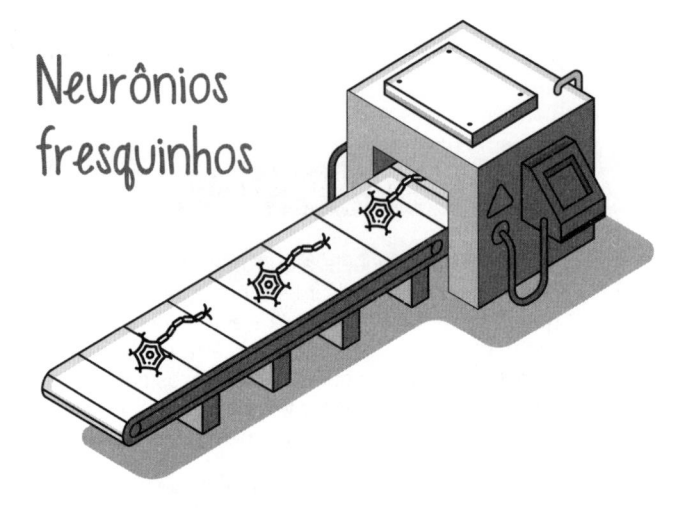

Do ponto de vista da neurobiologia, aprender algo novo significa alterar o cérebro ou reorganizar os circuitos neurais, algo possível devido à neuroplasticidade do cérebro.

Até pouco tempo atrás, acreditava-se que era somente durante a fase da infância que os nossos circuitos neurais poderiam ser alterados. Em outras palavras, acreditava-se que o cérebro na fase adulta fosse incapaz de modificar-se e criar novas conexões. Os estudos mais recentes da neurociência, porém, mostram justamente o contrário e revelam a capacidade do cérebro adulto de se regenerar e modificar sua estrutura.

O fato é que o seu cérebro ainda não conheceu os limites do que ele é capaz. A cada novo estímulo ele está em contínua mutação, e a cada nova memória criam-se milhões de novas sinapses neurais, ou seja, o seu cérebro de hoje já é diferente do cérebro de ontem e será diferente do cérebro que você terá amanhã. Você está em um processo contínuo de desenvolvimento.

O seu foco, portanto, nesta primeira parte, deve estar em compreender como criar um ambiente otimizado para a aprendizagem do cérebro e replicar situações nas quais ele será mais estimulado. Tudo pronto?

Muito bem. Vamos discorrer sobre cinco ações que irão ampliar, acelerar e otimizar sua aprendizagem cerebral.

1.1.1 ASSIMILAMOS MELHOR AS INFORMAÇÕES QUANDO SÃO VISUAIS

Os cientistas acreditam que os neurônios dedicados ao processamento visual ocupam cerca de 30% do córtex. Essa é uma grande parte do seu poder cerebral, essencialmente apenas para os seus olhos e os processos no seu cérebro que transformam o que você vê em informação.

A visão supera nossos outros sentidos quando se trata de captar informações.

**COLOCANDO EM PRÁTICA:
USE A PROPENSÃO VISUAL
DO SEU CÉREBRO**

Encontre ou crie cartões de memorização com imagens. Adicione rabiscos, fotos ou imagens de revistas e jornais às suas anotações. Use cores e diagramas para ilustrar novos conceitos que você aprender.

1.1.2 LEMBRAMOS MELHOR DO QUADRO GERAL DO QUE DOS DETALHES

Quando você está aprendendo muitos conceitos novos, é fácil se perder na enxurrada de informações. Uma maneira de evitar ficar sobrecarregado é relacionar continuamente o novo conceito que você acabou de aprender com o quadro geral. Veremos com mais detalhes isso na segunda estratégia de aprendizagem (1.3.2 Crie blocos de memória).

Quando o cérebro capta novas informações, ele as assimila melhor se já tiver alguma informação com a qual pode relacioná-las.

COLOCANDO EM PRÁTICA: TENHA UM PANORAMA GERAL DO ASSUNTO

Mantenha um diagrama grande ou uma página de anotações à mão que explique o panorama geral do que você está aprendendo e adicione a ele cada conceito principal que aprender ao longo do caminho.

1.1.3 O SONO AFETA PROFUNDAMENTE A APRENDIZAGEM E A MEMÓRIA

Os cochilos podem melhorar o aprendizado, assim como uma noite inteira de sono. Um estudo da Universidade da Califórnia (MAZZA et al., 2016) descobriu que os participantes que cochilaram após concluir uma tarefa desafiadora tiveram um desempenho melhor ao concluir a tarefa novamente mais tarde, em comparação com os participantes que ficaram acordados entre os testes.

O mais importante para a aprendizagem é que a privação do sono pode reduzir a capacidade do seu cérebro de captar novas informações em quase 40%. Comparado a ter uma boa noite de sono e acordar revigorado e pronto para aprender, estudar durante uma noite inteira não parece valer a pena.

Um estudo da Harvard Medical School (2008) constatou que as primeiras 30 horas após o aprendizado de algo são críticas, e a privação do sono durante esse período pode cancelar quaisquer benefícios de aprendizado que uma noite inteira de sono durante essas 30 horas traria.

Dormir antes de aprender também pode ser benéfico. O doutor Matthew Walker, pesquisador principal do estudo da Universidade da Califórnia, conhecido como o "diplomata do sono", afirma que o sono "prepara o cérebro como uma esponja seca, pronta para absorver novas informações" (WALKER apud PENGAMBAM, 2018, tradução nossa).

COLOCANDO EM PRÁTICA: INTERCALE O SONO ENTRE SESSÕES DE ESTUDO

Esqueça a ideia de estudar a noite toda como algo eficaz. Resguarde-se para sessões práticas de estudo durante o dia e quando estiver alerta e descansado. E, definitivamente, evite a privação do sono logo após aprender algo novo.

1.1.4 APRENDEMOS MELHOR ENSINANDO AOS OUTROS

Quando aprendemos para ter que ensinar aos outros, coletamos novas informações melhor. Aprimoramos a forma como organizamos informações em nossa mente, lembramos mais assertivamente dos dados e aguçamos nossa memória ao lembrar as partes mais importantes do que aprendemos.

Segundo o doutor John Nestojko (apud DEAN, 2014), autor de um estudo que revela uma melhor aprendizagem quando somos desafiados a ensinar aos outros, a mentalidade dos alunos antes e durante o aprendizado pode fazer uma grande diferença na forma como aprendemos novas informações.

Ao aplicar essa prática, você inconscientemente buscará métodos melhores para aprender. Por exemplo, focar as informações mais importantes, ou criar conexões entre diferentes conceitos e organizar cuidadosamente as informações em sua mente.

COLOCANDO EM PRÁTICA: ENSINE PARA APRENDER

Ação: mantenha um caderno ou *blog* no qual você escreve sobre o que aprendeu. Escreva sobre cada novo conceito que aprender como se fosse uma lição para outras pessoas. Se for possível, crie um grupo de estudo e delegue a função de ensinar algo para cada membro.

1.1.5 APRENDEMOS MELHOR NOVAS INFORMAÇÕES QUANDO SÃO INTERCALADAS

Um psicólogo da Universidade da Califórnia em Los Angeles, Dick Schmidt, defende uma abordagem diferente para a aprendizagem, chamada "intercalação", que mistura as informações ou habilidades que você pratica (FREEMARK; SMITH, 2014).

Schmidt defende que a intercalação funciona melhor porque contribui com nossas habilidades naturais para reconhecer padrões e valores extremos. Quando aplicada no mundo real, também fornece uma oportunidade para revisar informações regularmente, à medida que intercalamos o que já sabemos com novas informações.

Uma abordagem prática de intercalação para o seu processo de estudo pode ser mesclar de forma organizada três disciplinas diferentes que você precisa estudar antes de um exame, praticando habilidades adquiridas também em outras disciplinas.

COLOCANDO EM PRÁTICA:
INTERCALE OS ASSUNTOS DE ESTUDO
Quando você estiver aprendendo ou praticando uma nova técnica, pratique-a intercaladamente.

1.2   A ciência do tédio

Há uma parte do nosso cérebro, chamada amígdala cerebelosa, que integra o sistema límbico e funciona como um filtro emocional. Quando uma informação entra no cérebro, ela é destinada a algum lugar, e é esta estação de comutação, a amígdala, que determina o seu destino.

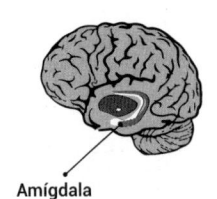

Amígdala

VOCÊ SABIA?

A amígdala cerebelosa é a parte do cérebro que regula o comportamento sexual, o comportamento agressivo, as respostas emocionais e a reatividade a estímulos biologicamente relevantes. Este conjunto nuclear é também importante para os conteúdos emocionais das nossas memórias. Ele determina as memórias mais profundas a partir dos níveis emocionais que carregam.

O cortisol é um hormônio liberado no estado de estresse e desempenha um papel crucial em nossa capacidade de nos proteger. Quando experimentamos situações estressantes, a liberação de cortisol nos ajuda a responder rapidamente, mas tem um custo, pois afeta negativamente a capacidade do cérebro de funcionar em um nível ideal.

A amígdala pode estar em diferentes estados metabólicos, e será este seu estado de hiperatividade que determinará o destino de uma nova informação.

Portanto, se uma pessoa está sob estresse, a amígdala é estimulada e toda informação que chega é direcionada à região inferior do cérebro, conhecida como sua parte animal, caracterizada por ser reativa e involuntária. A única reação esperada dessa parte do cérebro é a animal: correr, lutar ou "congelar".

Por meio de ressonância, a neurociência percebeu que uma pessoa em estado de tédio mostra o mesmo nível de atividade na amígdala que uma pessoa com alto nível de estresse.

Onde o tédio entra nisso? Bem, tanto o tédio quanto o medo, como o estresse e as antecipações do futuro na forma de ansiedade, ativam a amígdala, ocasionando um bloqueio para a aprendizagem saudável e o processo de memorização.

Portanto, se a forma como você está estudando e buscando aprender lhe causa um profundo senso de tédio, está na hora de um *upgrade* no seu sistema de estudo. É importantíssimo planejar seu tempo de estudo em um estado favorável, aplicando as estratégias de aprendizagem que serão oferecidas a seguir e mesclando métodos e técnicas que minimizem o efeito do tédio, especialmente ao estudar os temas menos favoritos.

1.3 As dez estratégias de aprendizagem

Com base nos estudos da professora de engenharia Barbara Oakley, da Universidade de Oakland, iniciaremos a jornada de potencialização da sua aprendizagem apresentando dez estratégias práticas alicerçadas em como o cérebro aprende.

É provável que você se depare com ideias e propostas bem diferentes das tradicionais com as quais está habituado. Não se intimide com isso. Você está em uma nova jornada para revolucionar seu sistema de aprendizagem e conquistar novos resultados. Por isso, o encorajamos a colocar em prática cada uma das dez estratégias e verificar por você mesmo quais são mais eficazes no seu processo de aprendizagem.

1.3.1 USE O MODELO FOCADO E O DIFUSO

Nosso cérebro é um órgão altamente complexo, mas podemos simplificar sua forma de operar em duas modalidades: a **focada** e a **difusa**.

A modalidade focada acontece toda vez que você se concentra em um assunto ou tópico específico. Já a modalidade difusa acontece em um estado de relaxamento neural.

Quando aprendemos, passamos continuamente de uma modalidade para a outra.

Para melhor compreendermos o papel que cada uma dessas modalidades exerce na forma como aprendemos, vamos usar a analogia de uma máquina de *pinball*. Na Figura 1.2, mostramos como isso se daria na modalidade focada.

Figura 1.2   Processo de raciocínio em modalidade focada

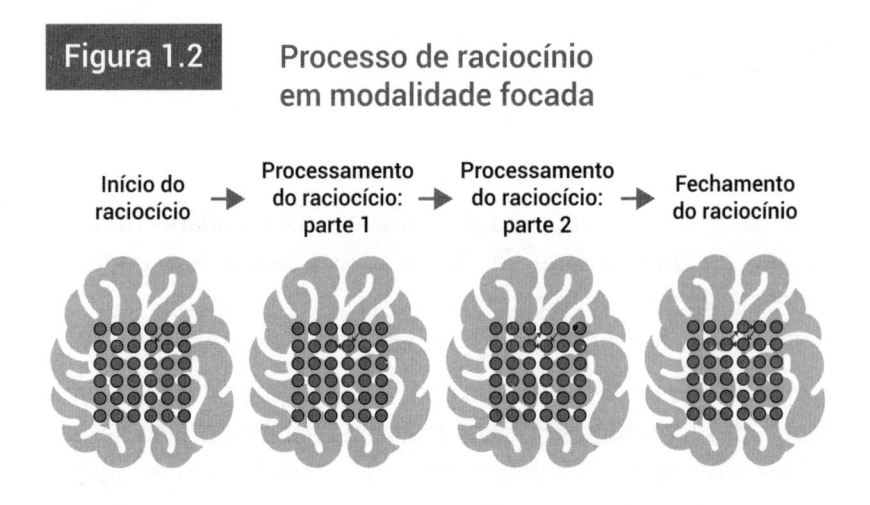

Imagine que seu cérebro seja uma máquina de *pinball*, ou seja, um circuito fechado. Imagine também que cada raciocínio lógico que aprendeu até hoje, como, por exemplo, resolver uma equação matemática, seja um caminho sequenciado de pinos pelo qual a bola do jogo circula até completar um raciocínio padrão. Na sequência da Figura 1.2, observamos o caminho que a bola faz até que um raciocínio padrão seja completado. Portanto, toda vez que for resolver essa equação matemática, seu cérebro irá seguir essa rota de pensamento.

VOCÊ SABIA?
Dependendo do ano em que nasceu, é provável que você nunca tenha tido contato com uma máquina de *pinball* e não esteja familiarizado com a forma como funciona. As máquinas de *pinball* se tornaram febre na década de 1970. Nesse jogo, uma bola é lançada dentro de um circuito fechado e, cada vez que esta colide com um pino, o jogador ganha pontos. O objetivo de cada jogador é maximizar os seus pontos sem deixar a bola escapar pela abertura inferior da máquina.

1.3.1.1   Raciocínio em modalidade focada

A Figura 1.2 demonstra o caminho de um raciocínio dentro da **modalidade focada**, pelo qual se consegue conectar informações específicas e detalhadas que lhe permitam resolver aquela equação matemática. Esse processo de pensamento, uma vez consolidado por treino e repetição, ocorre de forma padronizada.

1.3.1.2   Raciocínio em modalidade difusa

Imagine agora que deseja aprender sobre um assunto novo, com o qual nunca tenha tido contato antes, ou tenha tido contato de maneira superficial.

Se você simplesmente tentasse construir uma linha de pensamento nova utilizando a modalidade focada, perceba como seria difícil construir um novo padrão de aprendizado diante de tantos pinos de informação disponíveis quando estamos concentrados e focados. Será necessária uma abordagem neural diferente, ou seja, uma nova perspectiva, providenciada pela **modalidade difusa**, conforme demonstrado na Figura 1.3.

Figura 1.3 Modalidade focada *versus* modalidade difusa

Modalidade focada    Modalidade difusa

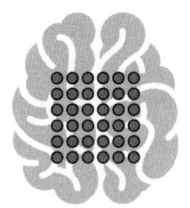 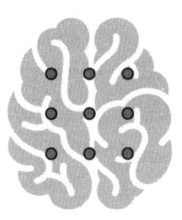

MATERIAL SUPLEMENTAR

Acesse o GEN-IO para ver um vídeo explicativo sobre as duas modalidades de raciocínio

Note que a construção do caminho de um pensamento novo na modalidade difusa é muito mais simples e flexível, ainda que superficial e sem riqueza de detalhes, do que na modalidade focada.

A modalidade difusa o colocará em um lugar de compreensão e assimilação de ideias gerais que, então, poderão ser desenvolvidas e aprofundadas na modalidade focada.

A modalidade difusa é um estado neural relaxado, no qual acionamos o lado criativo e lúdico do cérebro para enxergar problemas de uma perspectiva fresca e nova.

Talvez algumas pessoas mais analíticas e sistemáticas vejam o processo difuso como um desperdício de tempo. Mas ao fazer isso estão descartando uma parcela substancial da sua inteligência criativa, utilizada por grandes gênios como, por exemplo, Thomas Edison, o famoso inventor americano de 1.093 patentes registradas que, ao se deparar com problemas que não era capaz de resolver na modalidade focada, ficava um tempo sentado na cadeira, com um rolamento de esfera nas mãos ao ponto de quase adormecer. Quando isso acontecia, geralmente a esfera caía no chão, e ele poderia transferir as ideias criativas da modalidade difusa para serem aplicadas na modalidade focada.

Eu, Arnaldo Marion, pessoalmente tenho uma *"moon ball"*, que é um tipo de bola de quicar. Toda vez que percebo um bloqueio no meu processo de aprendizado, sei que preciso sair da modalidade focada e acionar a difusa, através de relaxamento neural. Brincar com a minha *moon ball* me ajuda a relaxar, focando simplesmente na minha brincadeira e permitindo que a modalidade difusa seja ativada e me permita ver as coisas de um outro ângulo criativo.

COLOCANDO EM PRÁTICA: MODALIDADE FOCADA E DIFUSA

Toda vez que se vir enroscado em um problema ou conceito que vem tentando compreender na modalidade focada, experimente trocar para a difusa.

Lembre-se que a modalidade difusa requer que seu cérebro esteja relaxado. Portanto, seja fechando os olhos sentado em um lugar relaxante, fazendo uma caminhada no jardim, ou ainda usando algum artifício físico ou mecânico que ajude você a quebrar a modalidade focada, procure uma forma de relaxar. Não se distraia com eletrônicos, *games*, redes sociais ou outras coisas com estímulos visuais. Também não se distraia com conversas físicas ou virtuais. Estabeleça alguns indicadores de que entrou em um estado relaxado. A sonolência é uma delas. Imediatamente, use os recursos gerados na modalidade difusa de volta na focada.

1.3.2   CRIE BLOCOS DE MEMÓRIA

Nesta seção, vamos oferecer um recurso de compactação de conteúdo e informação em blocos de memória pelo qual a sua mente conseguirá acessar dados e ideias com maior facilidade.

Primeiro, vamos compreender como podemos formar esses blocos de informação e, em seguida, vamos aprender como utilizá--los para amplificar sua compreensão e acessibilidade de informações e, finalmente, como a utilização de blocos contribuirá para melhorar seu desempenho em provas e exames.

1.3.2.1   O que são blocos de memória?

Imagine peças de um quebra-cabeça soltas sobre uma mesa. Cada uma delas contém a parte de um todo, mas soltas não nos revelam a imagem total. Construir blocos de memória é como colocar as peças de um quebra-cabeça cada uma no seu lugar. Uma vez que cada parte foi corretamente colocada no lugar, será produzido um senso de significado, com a imagem total, que antes não existia.

A lógica que se ganha quando agrupamos informações fragmentadas em um todo nos oferece uma visão mais ampla do que se está aprendendo. Simplesmente memorizar fatos isolados de um contexto maior dificulta a sua compreensão e aplicação.

Em linguagem computacional, trata-se da capacidade do seu cérebro de agrupar uma infinidade de dados e compactá-los em um formato simplificado, exatamente como a compactação de arquivos pesados em um arquivo ZIP.

Neurologicamente, é um fenômeno no qual seu córtex pré-frontal está fazendo conexões de informações espalhadas pelo seu cérebro e pelas sinapses neurais, construindo novos blocos de memória. Esses blocos de memória, portanto, são formados quando informações são unidas pelo significado ou pelo uso.

COLOCANDO EM PRÁTICA: BLOCO DE MEMÓRIA

Um bloco de memória se constrói através da modalidade focada que apresentamos anteriormente, ou seja, esse fenômeno se dá quando você está concentrado e focado em ideias e informações. A repetição também é um outro recurso que contribui para construir um caminho de memória.

Esse é um processo gradativo, feito passo a passo. Inicia-se com pequenos blocos, que então podem ser agrupados e criar grandes blocos. Segundo Barbara Oakley e Terrence Sejnowski (2018, p. 157, tradução nossa), "uma vez que você coloca uma ideia, um conceito, ou uma ação em um bloco, você não precisa se lembrar de todos os pequenos detalhes subjacentes. Você entende a ideia principal, o bloco, e isso é o suficiente".

É o que acontece todas as manhãs quando você pensa "vou me vestir". Isso é suficiente para executar uma enormidade de microações agrupadas na iniciativa de se vestir. Não é necessário que você conscientemente pense em cada detalhe e etapa subjacente do processo.

1.3.3 INTERCALE MÉTODOS

Há uma grande armadilha no processo de aprender chamada "ilusão de competência". Essa ilusão toma lugar toda vez que se aplica um método de estudo pensando que se está absorvendo e assimilando conteúdos, quando na verdade não está, e assim se acaba desperdiçado muito tempo.

Intercalar seu método de estudo não significa continuar praticando a mesma técnica básica com pequenas mudanças. Antes, procure alternar entre os métodos diferentes que serão oferecidos ao longo deste livro.

1.3.4 ESPACE SUA APRENDIZAGEM

O espaçamento é uma estratégia de aprendizagem que requer tempo. Por isso, começar cedo seu plano de estudo lhe permitirá aplicar essa estratégia com maior eficácia. Comece praticando uma habilidade ou recapitulando um tema por alguns dias consecutivos e, em seguida, espace seus intervalos para fortalecer sua recapitulação. A proposta desta estratégia é que, após a primeira assimilação de um conteúdo, façam-se revisões em intervalos cada vez maiores, fortalecendo, assim, as sinapses neurais de memorização.

1.3.5 PRATIQUE

Uma vez que adquiriu os fundamentos sobre um tema, a melhor maneira de fixá-lo é através de treino de memória, de pensamento crítico e de resolução de problemas.

Exercite o seu cérebro! Treinar o cérebro segue o mesmo princípio de fortalecimento de treinar-se fisicamente através da repetição de movimentos. A repetição, segundo a neurobiologia, estimula os sinais elétricos dos neurônios e permite que você desenvolva sinapses novas e vias neurais mais fortes. Mas, da mesma forma que a repetição física excessiva se torna ineficaz e pode causar fadiga muscular, o excesso de repetição neural tem baixo resultado.

A repetição funciona melhor se você a espaçar ao longo do tempo com intervalos. Espace gradativamente esses intervalos na medida em que for adquirindo maior habilidade na resolução dos problemas que está trabalhando.

1.3.6 TESTE-SE

Teste-se em todo o processo. Habitue-se com testes em cada microetapa da sua aprendizagem.

Os testes podem acontecer na forma de *quizzes*, cartões de memória, simulados, perguntas de recapitulação e ensinando aos outros o que aprendeu. Quando o seu processo de estudo incluir os testes intermitentes, você observará dois grandes benefícios imediatos:

» Eles mapeiam as lacunas de aprendizagem que existem dentro de certo tópico; e

» Desenvolvem a habilidade de recuperar e acessar dados na mente.

A simples leitura ou releitura de um material pode causar a falsa impressão de que se está assimilando um tema por completo. Então, listamos cinco dicas de como testes podem ser incluídos no seu processo de estudo e aprendizagem.

1) Torne o teste inofensivo

Testes inofensivos são aqueles cujo resultado não afeta ou determina aspectos importantes da nossa vida, como um boletim escolar, *ranking* de vestibular ou concurso, e assim por diante. Ao contrário, isso pode aumentar a ansiedade e prejudicar seu desempenho. Portanto, esqueça a nota e foque-se na aprendizagem.

2) Não adie

Estudos demonstram que, quando um teste é aplicado imediatamente após um conteúdo ter sido aprendido, ele reforça a aprendizagem e a memorização.

3) Pratique regularmente

Não se limite a um único teste ou *quiz*. Distribua diferentes testes ao longo do seu processo de estudo, tornando-os regulares.

4) Observe os *feedbacks*

Observe as questões incorretas e procure entender por que não acertou sua reposta. Identifique uma causa e reflita sobre como corrigi-la.

5) Utilize estratégias preparatórias antes de começar

Use sumários, cartões de memória e recursos que o ajudem a agrupar temas em blocos de memória.

1.3.7 USE METÁFORAS E IMAGENS ENGRAÇADAS

O seu tempo de estudo pode se tornar frio, cheio de regras e limites, com tarefas que precisam ser cumpridas. Esse ambiente provavelmente resultará em um baixíssimo desempenho na sua aprendizagem.

É possível fazer do seu tempo de estudo algo divertido, encorajador, prazeroso e envolvente. Utilize, portanto, recursos lúdicos na sua aprendizagem. Há três técnicas que recomendamos aplicar em seu tempo e método de estudo.

1.3.7.1 Mude sua linguagem

Mudar a palavra muda o significado. Há uma diferença entre dizer "você se enganou", "você está errado" ou "você é um mentiroso". As três coisas podem ser a mesma verdade, mas expressas de maneiras diferentes. Pense em qual linguagem está usando para seu tempo de estudo e preparação, para os temas desafiadores que quer dominar ou para o exame, prova ou concurso para o qual está se preparando.

Use uma linguagem que te inspire, engaje e energize em direção ao que quer conquistar.

1.3.7.2   Crie um personagem

Pode ser um personagem divertido ou encorajador. Quando mudamos o nome, mudamos o significado que isso tem para nós. Uma mãe, por exemplo, que corrige seus filhos pode se sentir uma disciplinadora. Mas, ao assumir a personagem de "desenvolvedora do espírito humano", traz um significado completamente novo para a missão que deseja cumprir. Qual personagem irá energizar e ressignificar seus alvos de aprendizagem? Escavador de tesouros? Oráculo do saber? Guru da matemática? Merlin da física? Protetor do conhecimento?

Seja criativo, alucine e revolucione sua atitude no aprender.

1.3.7.3   Use metáforas

Metáforas são códigos de memorização, especialmente quando se tornam imagens cerebrais que nos permitem associar ideias. Por isso use-as como técnica de estudo.

1.3.8   USE A TÉCNICA POMODORO

Sabe aquele tema ao qual você sabe que precisa se dedicar e estudar, mas prefere empurrar para a frente, até que não dê mais para adiar? Pois é, isso é procrastinação, que na prática significa adiar, postergar atividades que estavam programadas ou agendadas e substituí-las por outras de importância secundária. Em bom português, procrastinar é "empurrar com a barriga".

Segundo Piers Steel (2007), da Universidade de Calgary, uma em cada cinco pessoas tem problemas crônicos de procrastinação que resultam em perdas de emprego, prejudicam relacionamentos, aumentam o consumo de álcool, geram perdas financeiras e até mesmo problemas de saúde.

Podemos dizer que a preguiça é a procrastinação fora de controle, e aquilo que precisa ser feito é deixado de lado. Ainda segundo Piers Steel, 95% das pessoas experimentam algum tipo de procrastinação, ainda que esporadicamente. O que poucos sabem é que a procrastinação acontece com base em um fenômeno psicológico que pode ser contornado e superado. Mas, para isso, precisamos entender primeiro o "ciclo da procrastinação".

1.3.8.1 Ciclo da procrastinação

Toda vez que você pensa em alguma atividade agendada que realmente não quer fazer, automaticamente aciona uma área do seu cérebro associada à sensação de dor (o córtex insular). Seu cérebro, programado para minimizar a sensação de dor e desconforto, procurará anular esse estímulo distraindo sua atenção para outras coisas. Essa distração nos tira da atividade indesejada e nos leva a um estado de satisfação temporária, criando assim o ciclo da procrastinação.

A boa notícia é que pesquisas recentes vêm mostrando que após os primeiros instantes depois de iniciar uma atividade indesejada, aquela sensação de desconforto diminui radicalmente, tornando-se muitas vezes imperceptível. Portanto, se acharmos alguma forma de fazer nosso cérebro cooperar conosco para fazer o que precisa ser feito, sem nos distrairmos nos primeiros instantes, as chances de levar toda a tarefa adiante é alta.

Pois é, alguém já pensou nisso e desenvolveu uma técnica mental que nos leva a contornar o ciclo da procrastinação. Mais precisamente, Francesco Cirillo criou no final da década de 1980 uma técnica chamada "pomodoro", testada em alunos de uma universidade. O nome "pomodoro" (tomate, em italiano) se deve a um cronômetro de cozinha com forma de tomate, usado quando a técnica foi primeiramente aplicada.

1.3.8.2 Técnica pomodoro

A técnica pomodoro vem apresentando resultados extraordinários e funciona especialmente bem quando estamos diante de atividades longas ou indesejadas. A metodologia é simples: divide-se a atividade em partes menores, cronometradas, chamadas "pomodoros", com duração de 25 minutos cada. Por que 25 minutos? Bem, segundo Francesco, todos somos capazes de manter o foco por pelo menos 25 minutos. Mas, para essa técnica funcionar, ela precisa ser seguida com três regrinhas de ouro:

» Nesses 25 minutos, retire qualquer distração;

» Durante esse tempo, mantenha o foco na atividade; e

» Após concluído o período, crie uma recompensa para você.

A recompensa é uma parte fundamental dessa técnica, pois condiciona o seu cérebro a trabalhar pela sensação de prazer e relaxamento que será oferecida em seguida. Por isso, busque um estado relaxado fazendo algo que gosta, como tomar um café, checar sua página no Facebook ou mesmo só se alongar, conversar com alguém ou qualquer outra coisa que o relaxe.

1.3.9 COMA OS "SAPOS" PRIMEIRO

Comece a primeira hora do seu estudo com os temas mais áridos e mais difíceis para você. Sua disposição cerebral estará mais favorável a usar a modalidade focada. Assim que terminar, faça uma pausa para deixar seu modo difuso ajudá-lo também.

1.3.10 UTILIZE RECURSOS ALTERNATIVOS

Encontre maneiras dinâmicas e alternadas de aprender, além dos seus métodos habituais. Pesquise vídeos, *blogs* e textos on-line e veja outras pessoas explicando o mesmo tema de outras maneiras. Acesse outros livros. Ingresse em grupos de estudo. Se você não encontrar um grupo do assunto que lhe interessa, veja se você pode iniciar um.

1.4 Os dez sabotadores da aprendizagem

Estar consciente de que sua jornada de estudo e aprendizagem terá armadilhas e sabotadores lhe permitirá se prevenir e antecipar eventuais problemas, fortalecendo e otimizando o seu tempo e o seu nível de aproveitamento nos estudos.

Listamos aqui o que especialistas definem como os dez principais sabotadores da aprendizagem.

1) Não dormir o suficiente

Como já vimos, o bom sono é um forte aliado da aprendizagem. Privar-se de dormir pode afetar em até 40% sua capacidade de aprender e assimilar novos assuntos. O sono fortalece o seu cérebro. É durante esse período que seu corpo "lava" as toxinas do seu cérebro. Ser fiel em todas as outras estratégias e negligenciar essa pode colocar todo o seu plano a perder.

2) Leitura e releitura passivas

Você precisa praticar uma recapitulação ativa, fortalecendo os blocos de memória e as conexões cerebrais de temas. Use as estratégias da metáfora, crie gatilhos de memória e mescle diferente métodos. Não deixe apenas seus olhos passarem pelo mesmo material e evite a ilusão de competência.

3) Destacar ou sublinhar palavras

Não se deixe enganar! Apenas destacar ou sublinhar grandes partes do texto não coloca nada na sua cabeça. Faça sumários ou anotações sobre os principais conceitos que você está lendo. Faça isso nas margens do seu livro, texto ou em um pedaço de papel. Essas notas ajudam a criar os blocos de memória e conectar os principais conceitos.

4) Olhar para a solução de um problema e pensar que você o entende

Você precisa resolver o problema por si mesmo. Simplesmente ler a resolução de um problema e pensar que saberia resolvê-lo é ilusão de competência. Certifique-se de que é capaz de resolver a questão e compare seu resultado com as resoluções oferecidas. Lembre-se que o erro é o seu maior professor e o ajudará a fazer as correções de rota necessárias. O seu tempo de estudo é o momento que você tem para treinar, arriscar, errar, chutar sem prejuízos. Aproveite ao máximo essa janela de oportunidade.

5) Adiar para a última hora

O hábito de adiar para a última hora seus estudos pode ter três origens: a procrastinação, um excesso de autoconfiança ou simplesmente desinteresse.

Se o caso for de procrastinação, use a técnica pomodoro apresentada no item 1.3.8 deste capítulo.

Se o caso for de excesso de confiança, sugiro que mude hoje sua tática para uma mais conservadora e minimize o risco da ilusão de competência. Aprender de última hora não cria blocos de memória sólidos e não lhe permite estabelecer importantes conexões cerebrais que precisam ser construídas com o tempo.

Se o caso for de desinteresse, você precisa responder por si mesmo à pergunta: por que isso é importante para você? Se não tiver razões e motivos suficientes para se dedicar a uma causa e assumir sacrifícios, não terá o combustível emocional para rupturas, superação e altos resultados.

Por fim, pode, sim, haver uma quarta causa para o adiamento, que consiste na "falta de tempo". Esse é um tema de que iremos tratar mais adiante, no Capítulo 4, no qual você aprenderá a reorganizar a sua agenda com base em prioridades.

6) Aprendizagem preguiçosa

A aprendizagem preguiçosa acontece quando a pessoa dedica tempo aos estudos, mas sua escolha de como usará o tempo é pobre, baseada no mínimo esforço necessário. Não pratique apenas as atividades fáceis. É como querer aprimorar sua técnica em um esporte, como futebol, basquete ou vôlei, concentrando-se no único drible ou movimento que já sabe fazer bem. Não funciona. Amplie seu conhecimento e suas habilidades praticando temas com os quais ainda não está seguro, ou seja, dedique também tempo concentrado no que você acha mais difícil.

7) Ignorar o seu livro

A prática de resolução de problemas e exercícios será o principal recurso na sua preparação para um exame ou prova. Todavia, se ignorar a etapa de estabelecer os fundamentos de base, sua construção pode ficar fragilizada. Tratamos disso no início deste capítulo: "lembramos melhor do quadro geral do que dos detalhes". Quando seu aprendizado tem um contexto claro e sólido, ele será mais bem sedimentado. Por isso leia, faça anotações, liste e sumarize conceitos-chave. E não deixe de ler sobre como resolver problemas antes de tentar resolver problemas!

8) Não esclarecer pontos de confusão

Existem apenas alguns pontos que você não entende? Provavelmente, esses são precisamente os pontos que serão questionados no teste. Esclarecer pontos de dúvida não só o tornará mais bem preparado para um exame, como criará o degrau necessário para continuar elevando sua aprendizagem a níveis mais complexos. Certifique-se, portanto, de obter ajuda de um tutor em um plantão de dúvidas, de um colega de estudo, ou através de outros recursos presenciais ou on-line à sua disposição.

9) Distrações

Uma boa concentração é uma habilidade extremamente valiosa no processo de aprendizagem. Concentrar-se significa dar atenção a um único objeto. Você não precisa se esforçar para se concentrar em um filme no seu clímax, por exemplo, ou quando está engajado numa conversa com seus amigos. É um processo natural quando há interesse. Pois então trate o autor do livro que está lendo como um amigo para quem você intencionalmente quer dar sua atenção.

As distrações podem ser de ordem exterior ou interior. A recomendação de se engajar com o autor do livro como faria com um amigo ajuda especialmente com as distrações interiores, quando nossa mente quer divagar por novos horizontes. Já as distrações exteriores podem ser resolvidas na escolha de um lugar confortável e com condições auditivas e visuais favoráveis à sua concentração, ou seja, que não proporcione estímulos externos que distraiam você. Uma outra fonte de distração são os eletrônicos, especialmente o *smartphone*. Se possível, deixe-o desligado e fora de alcance por alguns instantes.

10) Conversar com amigos em vez de estudar com eles

Uma boa parte do seu tempo de estudo será feita de forma individual. Portanto, procure criar barreiras naturais ou virtuais que evitem as distrações sociais. Recomendamos também a aprendizagem social, especialmente na forma de grupos de estudo, nos quais você terá interação com outras pessoas e trocas de informação e *insights*, além de lhe permitir ensinar aos outros para fortalecer o seu próprio aprendizado. Crie algumas regrinhas saudáveis para aproveitar o seu tempo de aprendizagem social evitando que se torne um grupo de fofoca.

2

Mindset de Crescimento

Grandes obras são realizadas não pela força, mas pela perseverança.

Samuel Johnson

🎯 OBJETIVOS DO CAPÍTULO

O mindset (mentalidade) que alguém cultiva determina os resultados que obterá. Por isso o mindset é o ponto de partida da nossa jornada para uma aprendizagem de alto resultado. Das propostas revolucionárias da professora Carol Dweck, da Universidade Stanford, você irá explorar neste capítulo o contraste entre os dois tipos de mindset: o de crescimento e o fixo.

Ao contrário de um mindset fixo, pessoas com um mindset de crescimento acreditam que qualquer habilidade pode ser desenvolvida com dedicação e trabalho, e que a inteligência e o talento são apenas um ponto de partida. Criam afeto pela aprendizagem e a resiliência necessária para conquistar resultados extraordinários.

Descubra, ainda neste capítulo, 15 formas para desenvolver um mindset de crescimento.

2.1   O que é o mindset de crescimento?

Ter um mindset de crescimento significa que você entende que a inteligência pode ser desenvolvida.

Portanto, o modelo de ensino ao qual foi exposto juntamente com a influência dos seus educadores exercem um enorme impacto no tipo de mindset que carrega.

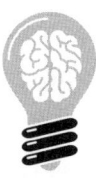

VOCÊ SABIA?
Segundo a psicologia, a **inteligência humana** é qualidade mental que consiste nas habilidades de aprender com a experiência, adaptar-se a novas situações, entender e lidar com conceitos abstratos e usar o conhecimento para manipular o ambiente. Nossa inteligência se dá por diferentes processos cognitivos, como: a percepção, a aprendizagem, a memorização, o raciocínio lógico e a resolução de problemas.

2.1.1   MENTALIDADE É TUDO

Esteja você falando de sucesso em um exame ou na construção de uma carreira, iniciando seu próprio negócio, ou ainda sendo pai ou mãe, ter a mentalidade certa pode fazer a diferença entre sucesso e fracasso. O conceito de mentalidade não pode ser discutido sem mencionar Carol Dweck (2017) e seu livro perspicaz, *Mindset: a nova psicologia do sucesso*. Após décadas de pesquisa, a renomada psicóloga da Universidade Stanford descobriu o poder da mentalidade.

Em seu livro, ela descreve as diferenças entre um mindset fixo e de crescimento – mostrando como o sucesso em quase todas as áreas da vida pode ser influenciado pela maneira como pensamos sobre nossos talentos e habilidades. Uma vez que aproveitamos o poder de um mindset de crescimento, estudos mostram que ele pode ser essencial para superar desafios ousados.

2.1.2 TEMOS CRENÇAS DIFERENTES SOBRE INTELIGÊNCIA

A doutora Dweck descobriu que as crenças das pessoas sobre sua inteligência são diferentes. Algumas pessoas acreditam que sua inteligência e habilidades são imutáveis. Em outras palavras, você tem certa quantidade de inteligência e não pode fazer muito para mudar isso. Isso é chamado de "mindset fixo". Pense na frase "eu não sou uma pessoa de matemática". Esta afirmação indica um mindset fixo sobre matemática, porque atribui a habilidade em matemática a uma qualidade imutável.

Outros têm ideias diferentes sobre sua inteligência e habilidades. Algumas pessoas acreditam que é possível aumentar sua inteligência através do esforço. Isso é chamado de "mindset de crescimento". Pense na frase: "a matemática foi realmente confusa no começo, mas estudei muito o ano todo e a entendo muito melhor agora". Isso indica um mindset de crescimento, porque mostra uma vontade de se aprofundar.

2.1.3 MINDSET DE CRESCIMENTO *VERSUS* MINDSET FIXO

O mindset de crescimento é a qualidade de uma mente que acredita que pode aprender e crescer, ao contrário de uma mente fixa, que acredita que não pode aprender coisas novas ou expandir--se. Na Figura 2.1, vemos cinco diferenças essenciais entre esses dois tipos de mentalidade.

Figura 2.1 — Duas mentalidades (gráfico de Nigel Holmes)

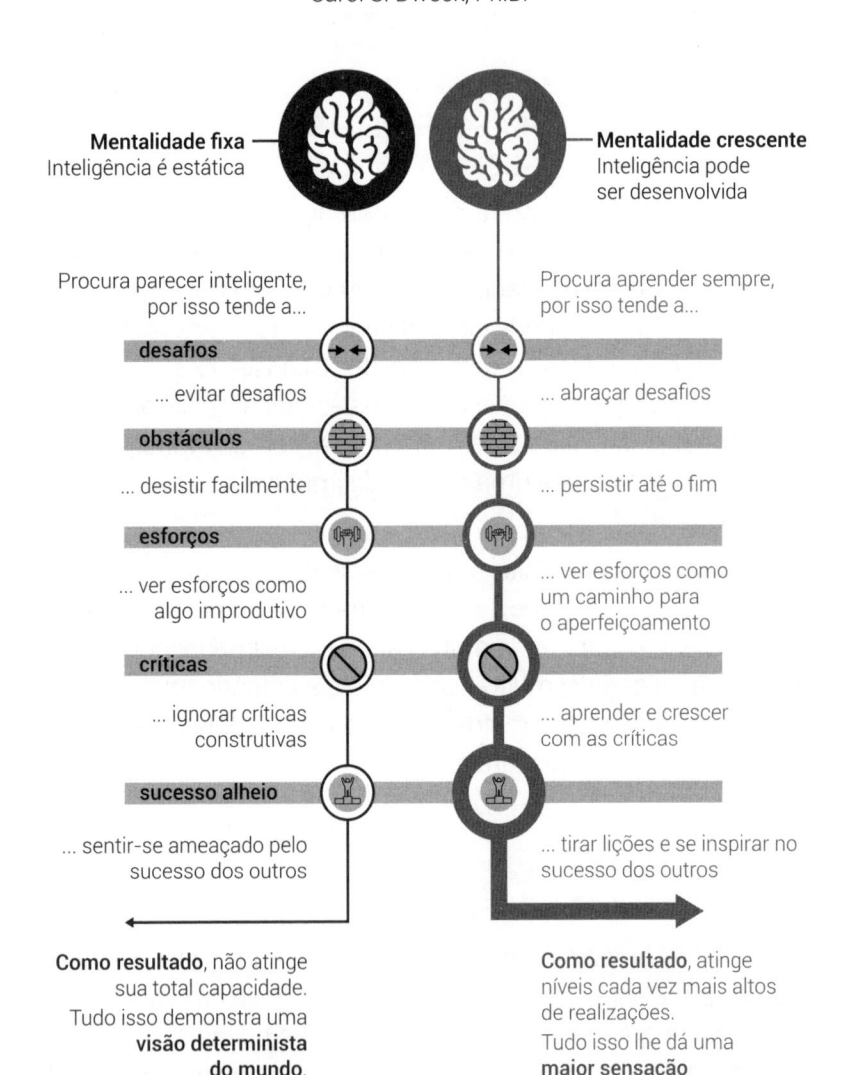

Duas mentalidades
Carol S. Dweck, Ph.D.

Observe nessa comparação que as pessoas com um mindset de crescimento estão mais dispostas a se engajar e enfrentar os desafios de frente, ao contrário daquelas com mindset fixo, que preferem fugir, desistir ou procurar maneiras de contorná-los. Pessoas com um mindset de crescimento abraçam desafios e desejam aprender com eles, sendo mais capazes de se adaptar à maneira como abordam as várias situações que encontram.

2.1.4   O QUE NÃO É MINDSET DE CRESCIMENTO

É importante destacar que o mindset de crescimento não é pensamento positivo, tampouco oferecer elogios falsos. Também não se trata de se comparar com outros para sentir-se melhor. Antes, trata-se de ser o melhor que você pode ser – trata-se de crescer.

2.2   Por que o mindset de crescimento é tão importante?

A mentalidade de uma pessoa é a coleção de crenças, atitudes mentais e hábitos que determinam a maneira como ela responde ou interpreta uma situação. É a mentalidade que, em última instância, determina seus resultados e os seus fracassos, bem como a forma como você age nas diversas circunstâncias e eventos que ocorrem em sua vida.

> O tipo de mentalidade que alguém cultiva determinará os resultados que obterá.

Manter um mindset fixo ou de crescimento tem implicações enormes quando se trata de motivação. Se uma pessoa tem uma noção fixa de inteligência, provavelmente acredita que o sucesso tem muito a ver com talento. Neste caso, acredita-se que alguns nascem com a capacidade de ter sucesso, e outros simplesmente não. Eles podem ver as pessoas de sucesso como possuidoras de algum presente intangível e inatingível. O efeito colateral do mindset fixo é uma atitude passiva ou apática em relação ao esforço – especialmente quando se trata de tarefas desafiadoras.

Quanto mais uma pessoa estiver disposta a sair de sua zona de conforto, mais oportunidades terá de aprender e crescer com cada desafio, e melhores serão seus níveis de produtividade nos estudos e no domínio de novos conteúdos.

A simples crença de que a inteligência é maleável pode melhor equipar qualquer pessoa para tarefas desafiadoras e assuntos difíceis. Se alguém acredita que pode desenvolver suas habilidades, esse esforço e dedicação fazem a diferença na fórmula do sucesso, e essa pessoa não ficará paralisada pelo desafio. O mindset de crescimento cria um amor pelo aprendizado e uma resiliência ou capacidade de adaptação que é essencial para alcançar as metas.

Pense no mindset de crescimento como a força propulsora que lhe permitirá superar os mais desafiadores obstáculos. Com a atitude certa, não há limites para o que você pode conquistar. Por meio do mindset de crescimento, todas as estratégias de aprendizagem, técnicas de memorização e planos de estudo apresentados neste livro são elevados ao seu potencial máximo de aproveitamento e resultados.

Portanto, como parte do processo de incorporar o mindset de crescimento, vamos começar descobrindo qual mentalidade você vem cultivando mais até aqui.

 ## 2.3 Identificação do seu mindset

Quer descobrir que tipo de mindset você tem? Leia cada afirmação a seguir e decida se você concorda ou discorda dela.

1. Sua inteligência é algo muito elementar e você não consegue alterá-la significativamente.

( ) Concordo   ( ) Discordo

2. Você é capaz de aprender coisas novas, mas não é capaz de mudar seu nível de inteligência.

( ) Concordo   ( ) Discordo

3. Não importa o quanto de inteligência você tenha, você sempre será capaz de mudá-la expressivamente.

( ) Concordo   ( ) Discordo

4. Você sempre é capaz de mudar substancialmente o quão inteligente você é.

( ) Concordo   ( ) Discordo

Resultado

As afirmações 1 e 2 são típicas de um mindset fixo. Já as afirmações 3 e 4 refletem um mindset de crescimento. Com qual das duas mentalidades você concordou mais? Você pode, ainda, repetir esse teste substituindo a palavra "inteligência" por "talento artístico", "habilidade esportiva" ou "habilidade nos negócios". Experimente.

 2.4 Mindset de crescimento e mudança

Leia em voz alta características-chave do que é um mindset de crescimento:

» Reconhecer que posso aprender em níveis elevados.

» Acreditar que posso tornar-me proficiente em qualquer tema com os estímulos, tempo e estratégias corretos.

» Confiar que, embora eu ainda não saiba como fazer algo agora, isso não é o fim da história.

» Aplicar esforços com dedicação e persistência para melhorar continuamente.

» Aprender com erros e usá-los como *feedback* de melhoria contínua.

» Saber que sou ilimitado em potencial e posso chegar aonde quiser.

Nesta seção, portanto, vamos abordar 15 maneiras de desenvolver um mindset de crescimento. Para começar, selecione cinco ideias que, na sua opinião, mais vão impulsionar seu mindset de crescimento.

---

1) Reconheça e aceite imperfeições

Esconder-se de suas fraquezas significa que você nunca as superará. Tenha clareza exatamente de onde estão e quais são seus principais limitadores, para então poder superá-los.

2) Veja os desafios como oportunidades

Ter um mindset de crescimento significa aproveitar cada oportunidade de aperfeiçoar-se diante de novos desafios. Não se intimide com os novos degraus na sua aprendizagem, pois eles estão te levando para o próximo nível.

3) Tente diferentes táticas de aprendizado

Não existe um modelo único para o aprendizado. O que funciona para uma pessoa pode não funcionar para você. Experimente as diversas estratégias de aprendizagem apresentadas nos Capítulos 1 e 4 deste livro.

4) Substitua a palavra "erro" pela palavra "*feedback*"

Não existe erro, apenas *feedback*. Aprenda com seus *feedbacks* aprimorando-se cada vez mais. Lembre-se de que fracassar não nos torna fracassados, mas nos lembra de que estamos em contínuo desenvolvimento, e por isso hoje somos melhores do que éramos ontem.

5) Enquanto está consolidando sua aprendizagem, não se preocupe com aprovação

Quando você prioriza a aprovação em detrimento do aprendizado, sacrifica seu próprio potencial de crescimento. Haverá um momento para testar-se, mas, até lá, foque-se apenas em consolidar o que está se propondo a dominar.

6) Cultive um senso de propósito

A pesquisa de Dweck também mostrou que os alunos com um mindset de crescimento tinham um maior senso de propósito. Mantenha o quadro geral em mente.

7) Celebre seus ganhos e crescimento

Celebrar significa interromper a rotina para reconhecer ou lembrar-se de algo importante. A celebração é um combustível motivacional poderoso no seu progresso. Não importa o tamanho ou tipo, celebre seus ganhos e avanços.

8) Redefina o "gênio"

Gênios não nascem prontos, eles são construídos. Genialidade exige muito trabalho e dedicação, não apenas talento.

9) Retrate as críticas como positivas

Quando tem objetivos claros, você aprende a usar todos os recursos que lhe são dados para se fortalecer e chegar aonde quer. Use as críticas a seu favor e insira-as no seu processo de crescimento como construtivas.

10) Coloque o esforço antes do talento

Já houve um tempo no qual somente ter talento era suficiente para destacar alguém da competição. Hoje, dos esportes aos negócios e também na educação, é necessário combinar talento com trabalho duro, muito treino e repetição para aumentar o domínio de uma habilidade ou campo de conhecimento.

11) Conecte as ideias de aprendizado e "treinamento cerebral"

O cérebro é como os músculos do corpo e precisa ser trabalhado. Portanto, sua aprendizagem e resultados serão diretamente proporcionais ao seu treinamento cerebral.

12) Use a palavra "ainda"

Essa é uma das principais técnicas de fortalecimento de um mindset de crescimento. Há muito poder ao inserir essa simples palavrinha enquanto trilha seu caminho de aperfeiçoamento. Sempre que estiver lutando para superar um desafio, diga a si mesmo: "não domino completamente este assunto *ainda*".

13) Estabeleça novas metas para cada meta alcançada

Sua aprendizagem é um processo contínuo. Se conseguiu superar uma etapa, celebre, mas não pare por aí. Você alcançou um novo patamar na sua jornada e está pronto para traçar novos objetivos ainda mais desafiadores. Elaborar novas metas lhe manterá estimulado a crescer ainda mais.

14) Pense realisticamente sobre tempo e esforço

O maior investimento que fará na sua aprendizagem é o seu tempo dedicado. Não espere dominar todos os tópicos da noite para o dia. Estabeleça um plano realista e se dê tempo suficiente para consolidar sua aprendizagem.

15) Assuma o controle de sua atitude

Atitude gera altitude. Desenvolver um mindset de crescimento já coloca você à frente da grande maioria das pessoas. Essa atitude te fará responder de forma diferente aos desafios, aumentando sua resiliência e persistência no que quer conquistar.

 ## 2.5   Afetividade e aprendizagem

Tomar consciência de como os nossos relacionamentos passados e presentes afetam diretamente a nossa forma de aprender e os nossos hábitos atuais de estudo é uma ferramenta poderosa de ação direcionada ao sucesso.

Todo ser humano é resultado de uma construção pessoal e única através de elementos que estão no plano consciente e inconsciente. Esses elementos fazem parte da constituição do sujeito como resultado de suas vivências desde a primeira infância. Tudo aquilo que vemos, ouvimos e sentimos, especialmente do nascimento aos sete anos de idade, é fundamental para indicar a visão de mundo que se cria dentro de nós e a mentalidade acerca do que nos cerca. Essa lente interior pela qual enxergamos o mundo à nossa volta, apesar de enraizada, não é imutável e pode, na verdade, ser adaptada e modificada de acordo com as novas conexões que se criam.

Da mesma forma, a construção da personalidade se dá ao longo da vida, de forma pessoal e individualizada, a partir das interações com o meio no qual estamos inseridos e dos traços no interior do "eu" oriundos dos genes específicos que herdamos, que são capazes de tornar única a maneira de ser de cada pessoa e de desempenhar seu papel na sociedade.

Os vínculos afetivos iniciais, portanto, são fundamentais para motivar o desejo de aprender. Durante décadas, em boa parte das escolas do século XX, rotulavam-se as crianças como preguiçosas por sentirem dificuldade ou por não sentirem vontade, por não verem sentido nos estudos. Se você foi uma dessas crianças, isso pode ter impactado severamente os seus hábitos de estudo hoje.

Podemos fazer um teste simples agora:

1. Quando você se lembra dos estudos nas séries do ensino fundamental, o que vem à sua mente é algo prazeroso ou doloroso?

2. Quando o seu desempenho escolar não era satisfatório, quais tipos de lembrança lhe ocorrem: um incentivo ou uma reprovação por parte das pessoas próximas?

3. Como essas validações ou reprovações que ouviu, viu ou sentiu durante sua infância vêm se refletindo em seus hábitos de estudos hoje?

Responder com sinceridade a essas três perguntas pode clarear o tipo de influência que você herdou do começo da vida escolar quanto aos estudos e ao processo de aprendizagem na vida adulta.

Seu passado faz parte da sua história, mas não determina quem você é. Cultivar e endossar crenças limitadoras a seu respeito só tornará mais difícil enfrentar desafios que exigem hábitos de alta performance, como uma vaga concorrida para um curso de direito, medicina, psicologia, engenharias, entre outros, uma vaga disputada pelos melhores para os mais significativos cargos públicos de salários variados, ou um disputado espaço em cursos de mestrado e doutorado de universidades públicas de todo o país.

Escolha hoje ressignificar os estudos e a aprendizagem em sua vida.

 **COLOCANDO EM PRÁTICA: RESSIGNIFIQUE A APRENDIZAGEM**

Ressignifique para uma esfera positiva o sentido dos estudos e da aprendizagem em sua vida. Declare e profetize em voz alta as três frases seguintes todas as manhãs enquanto estiver em seu período de preparo:

» Estudar e aprender é um prazer e um privilégio na minha vida. A cada dia em que aprendo algo, sou engrandecido e empoderado para vencer.

» Não sou mais influenciado pelos pensamentos negativos de outros. Não estou preso ao passado. Permaneço firme e inabalável em minha missão.

» Hoje é dia de crescer, de fazer diferente, de reinventar, de superar, de inovar e de conquistar. Estou pronto para o que vier.

2.5.1 O RISCO DA AUTOSSABOTAGEM

Você sente que há algo o segurando? Tem criado mecanismos de fuga para não se comprometer com as coisas realmente importantes na sua vida? Percebe padrões de comportamento se repetindo vez após vez, mas espera ver resultados diferentes?

Se respondeu "sim" para qualquer uma dessas perguntas, não se preocupe, você não está sozinho. É provável que esteja em um processo de autossabotagem, dando atenção demasiada a uma autocrítica ou voz interior, sem questionar ou se conscientizar em algum nível desses pensamentos, crenças e desculpas a fim de trazer clareza ao que realmente está acontecendo dentro de você.

A autossabotagem pode ser definida como atos de alguém contra si mesmo que obstruem, destroem ou prejudicam, de maneira consciente ou inconsciente, seu potencial, objetivos, trabalho e resultados. Ignorar o risco de autossabotagem em nós pode comprometer grandes conquistas, apesar de todos os esforços realizados.

Nossa voz interior crítica é formada a partir de nossas experiências de infância. Sem perceber, tendemos a internalizar atitudes que foram direcionadas a nós pelos pais ou cuidadores durante todo o nosso desenvolvimento. Por exemplo, se nossos pais nos consideram preguiçosos, podemos crescer nos sentindo inúteis ou ineficazes. Podemos então nos envolver em pensamentos de sabotagem que nos dizem para não tentar, como: "Por que se preocupar? Você nunca terá sucesso de qualquer maneira. Você simplesmente não tem energia para fazer nada".

De forma semelhante, as crianças podem internalizar pensamentos negativos que seus pais ou responsáveis têm em relação a si mesmos. Se crescemos com um pai que odeia a si próprio, que muitas vezes se vê como fraco ou fracassado, podemos adquirir atitudes de sabotagem semelhantes em relação a nós mesmos. Por exemplo, se nossos pais se sentem críticos em relação à aparência, podemos assumir inseguranças semelhantes sem perceber. Podemos nos sentir facilmente constrangidos e menos seguros de nós mesmos em situações sociais ou públicas.

Não podemos mudar o passado. No entanto, como adultos, podemos identificar os pensamentos de autossabotagem que internalizamos e conscientemente escolher agir contra eles. Quando somos vítimas de nossa voz crítica interna e ouvimos suas diretrizes, geralmente nos envolvemos em comportamentos sabotadores que nos prejudicam em nossas vidas diárias.

Pouco importa o nível acadêmico de um indivíduo se este é vítima das próprias armadilhas do inconsciente e da mente tentando tirá-lo do "jogo".

Nos concursos, de forma geral, isso vem associado ao sentimento de impotência diante do desafio e ao senso de merecimento diante do futuro que espera o candidato. Então, por mais que o aluno tenha feito tudo de forma correta para a aprovação, ele se pergunta constantemente: "será que consigo?" E, nesse pensamento de dúvida, arma-se um ciclo de autossabotagem. Algumas pessoas desistem no meio do caminho, outras chegam ao final consumidas pela dúvida de serem ou não capazes.

Faça uma autorreflexão sobre isso respondendo às três perguntas apresentadas a seguir.

1. O que você percebe, em sua jornada de aprendizagem, que está interrompendo seu pleno crescimento e desempenho?

2. Como você tem justificado para si mesmo seus próprios fracassos e derrotas? Quem ou o que você tem responsabilizado?

3. Como você responde quando algo planejado não sai exatamente como previu? Como tem respondido a obstáculos e desafios no seu percurso de crescimento?

Uma vez que sabemos de onde vêm nossos pensamentos de sabotagem, podemos começar a nos diferenciar da identidade negativa que lançamos sobre nós mesmos. Podemos nos familiarizar com nossa voz interior crítica e perceber quando ela começa a penetrar em nosso processo de pensamento. Ao fazer isso, podemos começar a reconhecer as maneiras como agimos das quais não gostamos.

Alterar esses comportamentos de autossabotagem nos deixará ansiosos, porque isso significa desafiar atitudes profundamente arraigadas, antigas e familiares que há muito mantemos sobre nós mesmos. A diferenciação desses comportamentos é essencial para levar uma vida feliz. O livro *The self under siege: a therapeutic model for differentiation* (*O eu sob cerco: um modelo terapêutico para diferenciação*, em tradução livre), de coautoria dos doutores Robert Firestone, Lisa Firestone e Joyce Catlett (2013), descreve os quatro passos envolvidos no processo de diferenciação:

» O **primeiro passo** envolve separar-nos das atitudes destrutivas (vozes internas críticas) que internalizamos com base em experiências dolorosas de nossa infância.

» O **segundo passo** exige que nos separemos dos traços negativos de nossos pais ou cuidadores que assumimos como traços nossos.

» O **terceiro passo** envolve desafiar as defesas destrutivas ou adaptações que fizemos à dor que experimentamos ao crescer. Essas adaptações podem ter nos ajudado na infância, mas, muitas vezes, nos machucam quando adultos. Por exemplo, se estávamos acostumados a ser decepcionados ou rejeitados quando crianças, podemos ter formado uma defesa que nos impede de querer ou esperar muito dos outros. Embora a redução de nossas expectativas pareça ajudar a impedir que nos machuquemos quando crianças, essa mesma defesa pode nos impedir de confiar ou de nos aproximar de alguém como adultos.

» O **quarto e último passo** da diferenciação pede que desenvolvamos nosso próprio senso de valores, ideais e crenças. Depois de nos separarmos das sobreposições negativas do nosso passado, podemos descobrir quem realmente somos. Podemos parar de nos sabotar com certos comportamentos e escolher a pessoa que queremos ser.

COLOCANDO EM PRÁTICA: DIFERENCIAÇÃO DO "EU"

Responda às seguintes perguntas com absoluta sinceridade, procurando refletir e diferenciar sua verdadeira identidade daquela que aprendeu como mecanismo de defesa em sua infância.

1. O que sua voz de autocrítica costuma lhe dizer sobre si mesmo que você decide desafiar hoje?

_____

_____

_____

_____

2. Quais traços de seus pais e cuidadores você assumiu como seus?

_____

_____

_____

_____

3. Quais sistemas de defesa você desenvolveu na infância e estão impedindo-o de viver os seus sonhos na vida adulta?

_____

_____

_____

_____

4. Diferenciando o seu "eu" do que mapeou nas questões 1 e 2, e sendo um ser ilimitado em potencial, liste crenças, valores e ideias fortalecedoras sobre si para sua jornada.

_____

_____

_____

_____

3

Mapa de Aprendizagem

Nossos objetivos só podem ser alcançados através de um plano, no qual devemos acreditar fervorosamente e sobre o qual devemos agir vigorosamente. Não há outro caminho para o sucesso.

Pablo Picasso

🎯 OBJETIVOS DO CAPÍTULO

No Capítulo 3, nos dedicaremos a criar um mapa de aprendizagem:

→ Como em qualquer mapa, teremos uma origem e um destino. Aqui você poderá estabelecer objetivos de aprendizagem, definir seu escopo de estudo e níveis de domínio almejados para cada tópico a ser estudado.

→ Poderá ainda criar um plano organizado e sequenciado mesclando técnicas de aprendizagem e organizar um cronograma detalhado para gerenciamento do tempo de estudo dentro de um prazo definido.

→ Finalmente, você poderá converter seu plano de estudo em microrrotinas e hábitos diários.

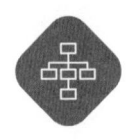

3.1   Mapa de aprendizagem

Há dois princípios do coaching que queremos destacar ao abrirmos este capítulo:

» **Princípio 1: Tudo o que se deseja conquistar na vida é possível** quando agrupamos os recursos, o tempo e as estratégias corretas.

» **Princípio 2**: O foco de uma pessoa deve sempre estar em **fatores de vida que ela pode controlar**, ou seja, foco na sua zona de controle.

Focar naquilo sobre o que você tem controle significa discernir tudo aquilo que depende de você e mais ninguém. Há certos fatores relativos à sua aprovação em um concurso ou exame que não dependem de você, como a qualificação de outros candidatos, o perfil da banca examinadora e daí por diante. Preocupar-se com fatores que você não controla é viver na zona de preocupação e não fazer o melhor aproveitamento do seu tempo e recursos. Você pode determinar, por exemplo, quão bem preparado e treinado estará para desempenhar com excelência um exame e maximizar os seus resultados.

É você quem determina o limite do que pode alcançar. Por isso, use este capítulo para traçar alvos ousados e desafie-se a chegar aonde nunca chegou antes e a conquistar o que parecia até hoje impossível. Você será conduzido, portanto, a se concentrar em sua **zona de controle** e a criar um plano estratégico de estudos, que chamamos de mapa de aprendizagem, conforme demonstrado na Figura 3.1.

Como qualquer mapa, este tem uma **origem** e um **destino**. A origem será seu ponto de partida na sua jornada preparatória, e o destino será o seu objetivo final a ser conquistado.

Para te auxiliar neste processo, trazemos poderosas ferramentas e processos usados em sessões de coaching que já ajudaram milhares de pessoas a superar desafios e maximizar seu potencial para conquistar alvos extraordinários.

Figura 3.1   Mapa de aprendizagem

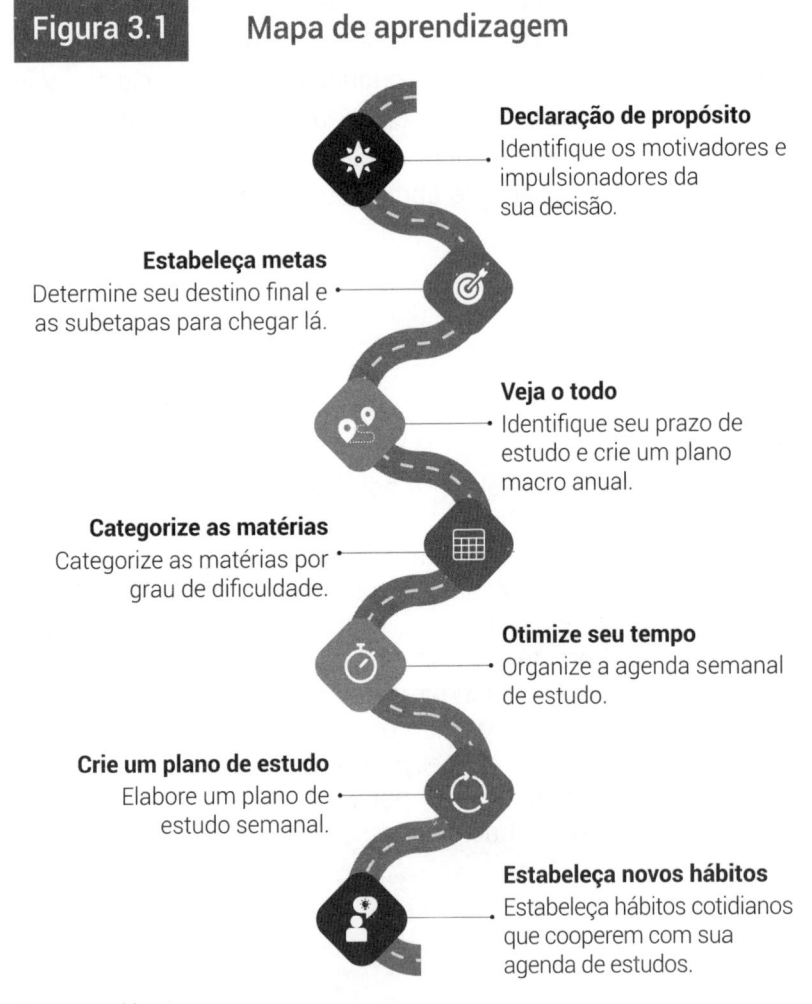

Declaração de propósito
Identifique os motivadores e impulsionadores da sua decisão.

Estabeleça metas
Determine seu destino final e as subetapas para chegar lá.

Veja o todo
Identifique seu prazo de estudo e crie um plano macro anual.

Categorize as matérias
Categorize as matérias por grau de dificuldade.

Otimize seu tempo
Organize a agenda semanal de estudo.

Crie um plano de estudo
Elabore um plano de estudo semanal.

Estabeleça novos hábitos
Estabeleça hábitos cotidianos que cooperem com sua agenda de estudos.

Fonte: coaching4.com

MATERIAL SUPLEMENTAR

Acesse o GEN-IO para ouvir os comentários dos autores sobre o mapa de aprendizagem

3.2 Declaração de propósito

É essencial identificar os motivadores e impulsionadores da sua decisão, mas é preciso ter muito cuidado com **intenções superficiais e falta de clareza**.

Antes de mergulhar na construção de seu mapa de aprendizagem, pare e pense sobre os motivos que tornam essa jornada e esse destino realmente importantes para você.

Tudo o que fazemos na vida, fazemos por um motivo. Intenções superficiais e falta de clareza sobre as razões que nos impulsionam a fazer algo é o primeiro motivo que leva as pessoas a desistir antes de começar. Quanto mais fortes, claros e enraizados seus motivos estiverem dentro de você, mais fortalecido e determinado você estará para enfrentar todos os obstáculos interiores e exteriores da sua jornada.

Determinar e esclarecer seu propósito e os valores envolvidos resultará em duas coisas:

1. Objetivos claros, específicos e bem definidos.
2. A motivação que será o combustível para fazer sacrifícios em busca desses objetivos.

Além disso, quando alguém determina razões suficientes para fazer algo, promove em si:

» Aumento da autoconsciência e percepção do que é importante.
» Direcionamento de energia.
» Foco no agora e no que é necessário ser feito.
» Clareza do que está funcionando ou não.
» Informação ao próprio cérebro sobre o que se quer e por que se quer.

Crie, portanto, uma **declaração de propósito para seus estudos**, que não só abre possibilidades, mas também evoca um destino que você passará a perseguir conscientemente a partir de agora.

Ao pensar na sua declaração, responda às seguintes perguntas:

Quem você se tornará após este processo?	O que conquistará ou terá?
O que será capaz de fazer que não é capaz hoje?	**Em quanto tempo isso se dará?**
Como saberá que chegou lá?	**O que faz isso valer a pena? Seja específico.**

Agora, a partir das suas respostas, crie uma poderosa declaração de propósito para seus estudos, incluindo as razões que identificou, seus valores, seus ganhos e resultados desejáveis.

Minha declaração de propósito para os estudos é:

3.3 Estabeleça metas

Suas metas são como o destino de uma jornada. Então, é preciso determinar seu destino final e as subetapas para chegar lá.

Uma meta, em termos simples, é um destino ao qual se pretende chegar. Pense na sua última viagem de férias. Antes de decidir o que pôr na mala, que tipo de transporte utilizaria e onde você ficaria hospedado, foi necessário decidir um destino. A partir de um destino, todo o planejamento e toda a logística de viagem ganham sentido, pois estão direcionados pelo destino que foi traçado. Podemos traduzir essa ideia para qualquer outra situação na vida. Ser aprovado em seu exame, prova ou concurso é uma etapa importante e necessária para chegar ao seu destino final. Talvez seu destino seja conquistar um cargo de auditor do Instituto Nacional do Seguro Social (INSS), ou ser aprovado em uma universidade respeitada para estudar engenharia civil, ou ainda conquistar o direito de exercer sua profissão de advogado uma vez aprovado no exame da Ordem dos Advogados do Brasil (OAB). Lembre-se: uma meta é um destino ao qual se pretende chegar.

Escreva uma frase que determine seu destino final.

Comece usando um verbo como "conquistar", "tornar-me", "ser aprovado", "ser reconhecido" etc.

- » Exemplo 1: Tornar-me um auditor do INSS.
- » Exemplo 2: Conquistar uma vaga no curso de engenharia mecânica do Instituto Tecnológico de Aeronáutica.
- » Exemplo 3: Ser aprovado no exame da OAB.

Declaração do meu destino final:

_____

_____

_____

_____

Seja qual for seu destino, lembre-se que ele tem subetapas. As subetapas são metas intermediárias que o conduzirão ao seu destino final. Algumas das possíveis subetapas são:

- » Cumprir etapas do seu plano de estudo.
- » Adquirir e/ou dominar um tema de sua prova.
- » Estabelecer novos hábitos e horários de estudo.
- » Aumentar em 50% seu nível de acerto nos simulados.

Quanto mais claras, específicas e mensuráveis são suas metas, mais fortes elas se tornam. Por isso, trazemos a seguir um recurso importante do livro *Manual de coaching*, do professor Arnaldo Marion (2017), que o ajudará a estabelecer metas ainda mais poderosas.

3.3.1 OS SETE PRINCÍPIOS DE COMO TRABALHAR COM METAS

Os setes princípios referem-se a uma adaptação do acrônimo SMART, apresentado em 1954 por Peter Drucker em *The practice of management*, que significa *specific, mesurable, achievable, relevant and time-based* (em português: específico, mensurável, alcançável, relevante e temporal). Aos atributos originais do SMART foram acrescentados "positivo", "sistêmico" e "controlável", conforme demonstrado no Quadro 3.1.

Quadro 3.1	"Smartirização" de metas

1	É específica
2	Foi estabelecida de forma positiva
3	É desafiadora e realista
4	É sistêmica
5	Está sob seu controle
6	É mensurável
7	Tem prazo

Fonte: www.coaching4.com

O papel desses sete princípios é fazer um controle de qualidade na elaboração de metas. Metas fracas e mal elaboradas não movem pessoas. As metas poderosas, claras, motivantes e neurologicamente compreensíveis precisam seguir regras de composição.

Muitos coaches conhecem esse processo como "smartirização" (verbalização do acrônimo SMART). A ideia é descomplicar ao máximo o processo de elaboração de metas sem comprometer a qualidade da sua elaboração.

Vamos definir o que significa cada um dos sete princípios e sua importância já em forma de perguntas.

3.3.1.1   Princípio 1 | A meta é específica?

Clareza é poder.

Quanto mais informação você der ao seu cérebro, mais orientado e programado ele ficará para seu alvo. Por isso, esclareça exatamente o que quer conquistar, ser ou atingir.

> **Exemplo**: Quero aprender inglês!
>
> **Pergunta-chave**: Qual nível de inglês quero conquistar?
>
> **Resposta**: Quero ser capaz de gabaritar as questões de inglês do meu exame final.

Aprender inglês é uma meta vaga e muito ampla. É preciso especificá-la de maneira a tornar claro o resultado esperado, uma vez que existem diferentes níveis de inglês para diferentes propósitos. Talvez um profissional da informática precise desenvolver um inglês técnico, o que não é o caso de uma mãe que quer levar os filhos em uma viagem para a Disney, que também é diferente de um dentista que apresentará um trabalho em um congresso internacional.

3.3.1.2 Princípio 2 | A meta foi estabelecida de forma positiva?

Diga o que você **quer conquistar, não o que quer evitar**.

Metas positivas são energizantes e motivantes. Elas têm o poder de criar entusiasmo, um recurso muito poderoso no processo de mudança.

É por isso que a meta "parar de fumar" é mundialmente uma das mais falhas. Ela parece mais uma sentença condenatória do que uma meta. Metas expressas de forma negativa, ou seja, que expressam perda, dor, sofrimento e esforço, não movem ninguém. Veremos mais adiante que o "preço" que será pago pela meta é assunto do plano de ação.

Veja outro exemplo de metas negativas:

Exemplo: Não serei reprovado no exame!

Pergunta-chave: O que eu quero ao invés disso?

Resposta: Quero ser aprovado, quero uma vaga, quero ser reconhecido por estar entre os dez candidatos mais bem avaliados etc.

Evite também o uso da palavra "não" na construção de metas, como: "não desistirei do meu plano de estudo".

Uma regra da programação neurolinguística (PNL) é que devemos informar ao nosso cérebro aquilo que queremos, e não o que não queremos. Se disser a você "não pense em um céu azul", ou "não olhe pela janela", automaticamente pensará e desejará fazer exatamente o que disse para não fazer. A razão disso é que o cérebro não registra comandos em negação.

3.3.1.3   Princípio 3 | A meta é desafiadora e realista?

Só você, Deus e o tempo poderão limitar a sua meta.

Estabelecer uma meta que seja ao mesmo tempo desafiadora e atingível é fundamental. Caso sua meta seja muito desafiante, poderá intimidá-lo e produzir um sentimento de incapacidade. Por outro lado, metas muito fáceis não são motivantes. Precisamos de uma dose de desafio para gozarmos do prazer da superação. Se estiver incerto, erre pelo lado do desafio.

Uma alternativa para metas muito desafiadoras é colocá-las no longo prazo e criar metas intermediárias que aproximam os alvos em prazos intermediários.

3.3.1.4   Princípio 4 | A meta é sistêmica?

Avalie o equilíbrio latitudinal e longitudinal.

- » **Equilíbrio latitudinal**: sabemos que preparar-se para um exame requer sacrifícios em outras áreas da vida. Dê sentido a esses sacrifícios e avalie se eles estão em algum nível de equilíbrio com outras coisas importantes de sua vida.

- » **Equilíbrio longitudinal**: avalie se a meta destrói valores importantes para você no longo prazo para benefícios de curto prazo e vice-versa.

Esse é um exercício de sinceridade com você mesmo, para perceber se está subindo a montanha certa e se seus alvos de vida são congruentes com seus valores.

3.3.1.5 Princípio 5 | A meta está sob seu controle?

Se a meta não pode ser controlada por você, então ela não é sua.

Para que uma meta seja sua, ela precisa estar sob seu controle direta ou indiretamente. A sua realização deve depender de suas ações e escolhas, **não de outros.** Naturalmente, nos veremos diante de metas para as quais a decisão de outras pessoas será necessária; contudo, consideramos legítimas as metas em que você detém a maioria das responsabilidades e um forte poder de influência.

> » **Exemplo**: Serei promovido após obter esta certificação.
> » **Pergunta-chave**: Esta meta está sob meu controle?
> » **Resposta**: Aumentarei minhas chances de promoção e sucesso obtendo esta certificação.

3.3.1.6 Princípio 6 | A meta é mensurável?

O que você não mede, não gerencia.

Você deve medir seu progresso para ter certeza de que está no caminho e no ritmo certo. Você pode medir seu progresso de duas maneiras, tanto em relação a você mesmo como em relação a um *benchmark*, isto é, uma referência de elevado padrão do que deseja conquistar, ter ou ser.

3.3.1.7   Princípio 7 | A meta tem prazo?

Somos seres temporais.

Medimos as coisas pelo tempo que elas nos tomam. Por isso, é importante especificar a data máxima (dia, mês e ano) para realização da meta, ainda que seja um palpite inicial. Cuidado com projeções de tempo vagas e imprecisas.

> » **Exemplo**: Estarei apto para fazer o exame em 6 meses.
> » **Pergunta-chave**: Quando exatamente será isso?
> » **Resposta**: Dia 4 de novembro de 2021.

Organize as metas por dimensões de prazo, como curtíssimo, curto, médio, longo e longuíssimo prazo, de maneira que quanto maior o prazo, mais a meta estará alinhada com a visão definitiva de vida. Relacione os prazos a números de anos:

» Longuíssimo prazo: acima de 10 anos.

» Longo prazo: 5 a 10 anos.

» Médio prazo: 3 a 4 anos.

» Curto prazo: 1 a 2 anos.

» Curtíssimo prazo: abaixo de 1 ano.

COLOCANDO EM PRÁTICA: MONTE AS SUAS METAS

Chegou o momento de você construir as suas metas!

Passo 1: Utilizando o sistema de smartirização de metas, estabeleça seu destino final.

Passo 2: Utilizando o sistema de smartirização de metas, estabeleça pelo menos cinco subetapas para chegar ao seu destino final em sequência cronológica.

Passo 3: Classifique suas metas por dimensão de prazo: de curtíssimo a longuíssimo prazo.

Declaração do meu destino final:

A meta é específica?	Sim ( )	Não ( )
É positiva?	Sim ( )	Não ( )
É desafiadora e realista?	Sim ( )	Não ( )
É sistêmica?	Sim ( )	Não ( )
Está sob seu controle?	Sim ( )	Não ( )
É mensurável?	Sim ( )	Não ( )
Tem prazo?	Sim ( )	Não ( )
Quanto?		
Longuíssimo prazo: acima de 10 anos	( )	
Longo prazo: 5 a 10 anos	( )	
Médio prazo: 3 a 4 anos	( )	
Curto prazo: 1 a 2 anos	( )	
Curtíssimo prazo: abaixo de 1 ano	( )	

 ## 3.4 Veja o todo

Identifique seu prazo de estudo e crie um plano macro anual.

Agora que sabe aonde quer chegar por meio de suas metas smartirizadas, é hora de começar a elaborar um plano de como vai chegar ao seu destino. Vamos começar com uma visão macro, por meio de um **plano anual**. Esse plano funcionará como um calendário ou cronograma de estudos geral até a data do seu exame. Isso lhe dá uma dimensão macro de prazos, subetapas e total de tempo que tem em mãos. Metaforicamente, é como se sobrevoasse seu percurso de jornada desde a largada até a linha de chegada.

Utilize, portanto, a Figura 3.2 para marcar as datas importantes, como as subetapas da sua meta, a data de publicação do edital, entre outras, até efetivamente a data do exame.

Figura 3.2 **Plano anual**

Use este calendário anual para marcar datas importantes
(inscrição, edital e prova)

☆ Desenhe uma estrela no mês de início do seu programa de estudo.

🎌 Desenhe um *set* de bandeiras para o mês de início dos exames.

Mês 1:	Mês 2:	Mês 3:	Mês 4:
Ano:	Ano:	Ano:	Ano:
• ___	• ___	• ___	• ___
• ___	• ___	• ___	• ___
• ___	• ___	• ___	• ___

Mês 5:	Mês 6:	Mês 7:	Mês 8:
Ano:	Ano:	Ano:	Ano:
• ___	• ___	• ___	• ___
• ___	• ___	• ___	• ___
• ___	• ___	• ___	• ___

Mês 9:	Mês 10:	Mês 11:	Mês 12:
Ano:	Ano:	Ano:	Ano:
• ___	• ___	• ___	• ___
• ___	• ___	• ___	• ___
• ___	• ___	• ___	• ___

3.5 Categorize as matérias

Categorize as matérias por grau de dificuldade.

Uma vez determinado seu plano anual, você irá detalhar seu plano até chegar a uma rotina semanal e diária de estudos. Mas não fará esse processo de forma arbitrária. A partir de critérios-chave que introduziremos, irá elaborar o seu **ciclo de estudo personalizado**. Portanto, nesta primeira etapa você irá categorizar todas as suas matérias de estudo de acordo com o seu grau de dificuldade e peso na prova.

Use a Figura 3.3 para organizar e classificar cada matéria que precisará estudar de acordo com seu grau de dificuldade, nível de especificidade ou peso na prova. Observe que a matriz tem quatro quadrantes. Cada quadrante propõe um tempo mínimo de estudo por categoria, variando de 30 minutos a 3 horas.

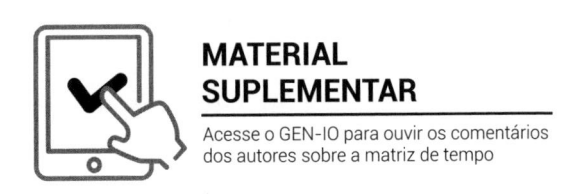

MATERIAL SUPLEMENTAR

Acesse o GEN-IO para ouvir os comentários dos autores sobre a matriz de tempo

Figura 3.3 — Matriz de tempo das matérias

Organize as matérias em cada bloco da matriz de acordo com o grau de dificuldade e peso. Cada bloco sugere quantas horas dedicar por tema.

	Difícil	Fácil
Específico	3 horas	2 horas
Geral	1 hora	30 minutos

3.6 Otimize seu tempo

Organize a agenda semanal de estudo.

O tempo é o seu recurso mais valioso nesta jornada. Portanto, administrar e planejar o seu tempo disponível contribuirá para maximizar o seu aproveitamento. Potenciais obstáculos, como pouco tempo disponível, distrações e baixa produtividade, são aspectos que também demandam um planejamento preciso de quando, como e onde você irá estudar e por quanto tempo realisticamente poderá dedicar-se semanalmente. Talvez se faça necessário rever algumas prioridades e avaliar sacrifícios que precisarão ser feitos para conquistar sua meta. Tudo isso precisa, ainda, ser tratado de maneira objetiva e com revisões constantes à medida que sua agenda mudar.

Vamos começar esta etapa mapeando atividades comuns do seu dia a dia hoje. Assinale no Quadro 3.2 as atividades que fazem parte da sua rotina, indicando na coluna "Tempo atual" a totalidade do tempo médio diário dedicado a cada atividade. Em seguida, analise ajustes que pode fazer em seus horários para otimizar seu tempo de estudo para **3 horas diárias** e preencha-os na coluna "Tempo ajustado".

DICAS PARA ESTA ATIVIDADE

» Analise os momentos de cada dia em que os horários de estudo podem render melhor.

» Observe os pequenos horários livres que se estabelecem entre as atividades programadas, sejam trabalho, aula etc., e compreenda onde será possível encaixar algum estudo rápido segundo a técnica pomodoro, de 25 minutos de estudo focado.

» Defina os horários efetivos para o *sprint* (termo usado no atletismo para designar uma corrida a toda velocidade em uma curta distância).

» À medida que a rotina ficar simples e fácil com os hábitos criados, desafie-se e saia da zona de conforto para provocar mais tempo de estudo no incômodo, pois assim melhoramos e crescemos.

Quadro 3.2 Atividades de rotina

ATIVIDADES DIÁRIAS	TEMPO ATUAL (em horas)	TEMPO AJUSTADO (em horas)
Ritual de despertar		
Locomoção diária (ir e vir do trabalho, da escola etc.)		
Trabalho		
Cursos (idiomas, aulas particulares etc.)		
Atividade física (esportes, academia, corrida etc.)		
Alimentação		
Momentos de reflexão, meditação, oração		
Atividades domésticas e cuidados com a família		
Cursinho preparatório ou escola		
Lazer, hobbies e distrações		
Tempo individual de estudo		
Descanso		
Outros 1:		
Outros 2:		
Outros 3:		
TOTAL (deve se aproximar das 24 horas diárias)		

Uma vez que tenha definido seu tempo ajustado, prossiga criando uma rotina-modelo diária usando a Figura 3.4 e determine o seu tempo diário de estudo atual e o ideal.

Figura 3.4	Análise do tempo

Preencha o relógio de 24 h marcando as fatias de tempo que você dedica para cada atividade do seu dia (trabalho, estudo, sono, refeições, distrações, deslocamento etc.).

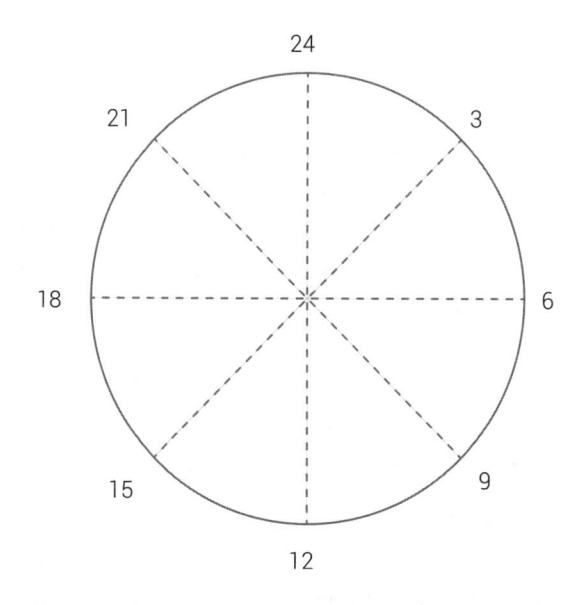

🕐 Quantidade **atual de tempo** diário dedicado aos estudos: ____

🕐 Quantidade **ideal de tempo** diário dedicado aos estudos: ____

ⓘ Variação entre o atual e o ideal (+/-): ____

 Verifique a quantidade do tempo diário dedicado aos estudos em um dia comum.

Caso não disponha do tempo mínimo necessário (3 h diárias ou 20 h semanais recomendadas), quais outras atividades podem ser reduzidas ou ajustadas?

VOCÊ SABIA?

As redes sociais estão no topo da lista quando o assunto é distração. Foi isso que constatou a revista *College Magazine* em uma entrevista realizada com alunos nos EUA (WESLEY, 2016). O tempo, seu recurso mais precioso nesta jornada, e a sua produtividade, ou seja, o seu nível de aproveitamento eficiente do tempo de estudo, serão determinantes para seu sucesso. Você que é um futuro servidor público ou objetiva crescimento em alguma área deve compreender algumas premissas-chave:

» Gerir bem o tempo é uma habilidade comportamental que requer disciplina e foco.

» Quem não possui agenda será sempre agenda de outro. Isso implica dizer que sempre alguém irá querer que você resolva algo para ele, colocando as suas prioridades pessoais em segundo plano.

» Aprenda a dizer não para o outro quando necessário.

» Compreenda a diferença entre ser ocupado e ser produtivo. Durante o trabalho, dependendo da sua função, ou em atividades domésticas, você pode estar ocupando o tempo, mas não desenvolvendo algo produtivo.

> » Reserve um tempo curto do dia para olhar redes sociais, e-mails etc., responder às mensagens que forem importantes e fazer alguma postagem que deseje, mas crie um alarme de tempo em seu aparelho para monitoramento. Faça isso ou pela manhã ou pela tarde – em geral, à noite há um pico de produtividade para quem estuda em tempo parcial.

> » Crie um alarme diário em seu aparelho com o título "Ocupado vs. Produtivo" e coloque-o para funcionar nos seus horários de estudo para tomar consciência de estar apenas ocupando o tempo ou realmente produzindo.

> » No momento do estudo, deixe um *post-it* ao lado para registrar caso se lembre de algo que esteja fora das atividades do estudo. Anote, coloque em um espaço para lembretes e continue a preparação, pois pensar em algo quando não se pode executá-lo rouba o seu tempo.

> » Mantenha o espaço de estudos livre de outros estímulos, o mais *clean* possível.

3.7 Crie um plano de estudo

Elabore um plano de estudo semanal.

Chegamos ao nível mais detalhado do seu plano de estudo personalizado. Nesta etapa, será definido o tempo dedicado a cada matéria por ciclo de estudo. Para esta etapa, você usará a classificação que fez das matérias por nível de dificuldade ou peso na matriz de tempo da Figura 3.3, que vimos algumas páginas atrás.

Idealmente, o seu ciclo semanal de estudo incluirá todas as matérias que precisa estudar. Todavia, fará isso de forma intercalada e dedicando mais tempo para as matérias mais importantes, mais complexas ou que simplesmente requerem mais tempo de você pelo volume de conhecimento que precisa assimilar.

3.7.1   EXEMPLO: AUDITOR DE CONTROLE EXTERNO DO TRIBUNAL DE CONTAS DA UNIÃO (TCU)

Como ilustração, vamos supor que você está se preparando para a vaga do TCU de auditor de controle externo. Da lista de matérias previstas em edital para este concurso, você já utilizou a matriz de tempo das oito primeiras matérias e chegou ao seguinte resultado:

» Português	1 h	» Inglês	2 h
» Matemática financeira	3 h	» Direito administrativo	3 h
» Raciocínio analítico	2 h	» Direito constitucional	3 h
» Estatística	3 h	» Direito civil	3 h

Este primeiro agrupamento totaliza as 20 horas[1] de estudo semanais disponíveis que, portanto, podem ser organizadas como um ciclo de estudo completo.

Utilizando a Figura 3.5, você passará a organizar visualmente seu ciclo de estudo semanal por matéria observando a quantidade de horas determinada para cada uma delas. Caso o número de

---

[1]   Como padrão, considera-se a disponibilidade de 20 horas semanais de estudo. Esse ciclo, todavia, deve respeitar o limite máximo de horas de estudo disponíveis na sua semana.

matérias a estudar seja menor do que oito, você pode reiniciar o ciclo repetindo as matérias até completar o total de suas horas semanais. No total de tempo em que se dedicará a cada matéria, observe também o tempo gasto na sua preparação.

Figura 3.5	Ciclo de estudos

Defina a ordem das matérias escrevendo cada uma no ciclo de estudos e a quantidade de horas dedicadas a cada uma delas.

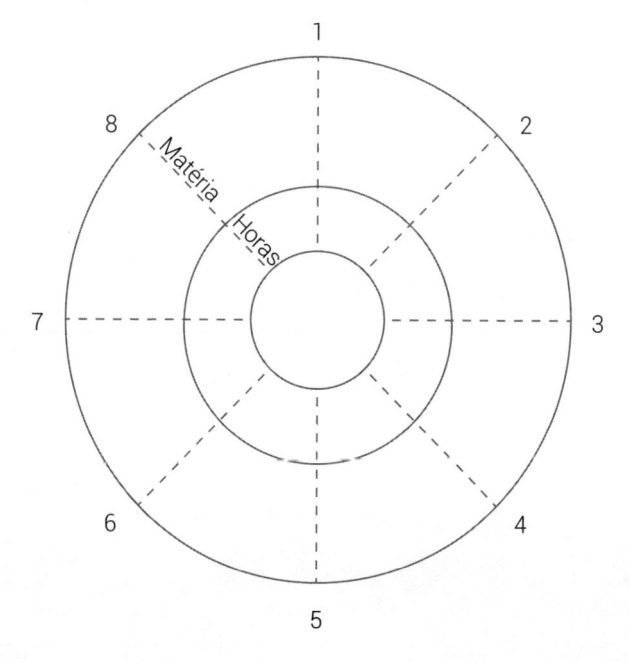

Total de horas do ciclo: _____

 Siga o roteiro do seu ciclo de horários de estudos planejados para sua semana.

Aplicando as matérias e horas semanais dedicadas, o ciclo de estudo ficaria como demonstrado na Figura 3.6.

| Figura 3.6 | Ciclo de estudos – parte 1: auditor de controle externo do TCU |

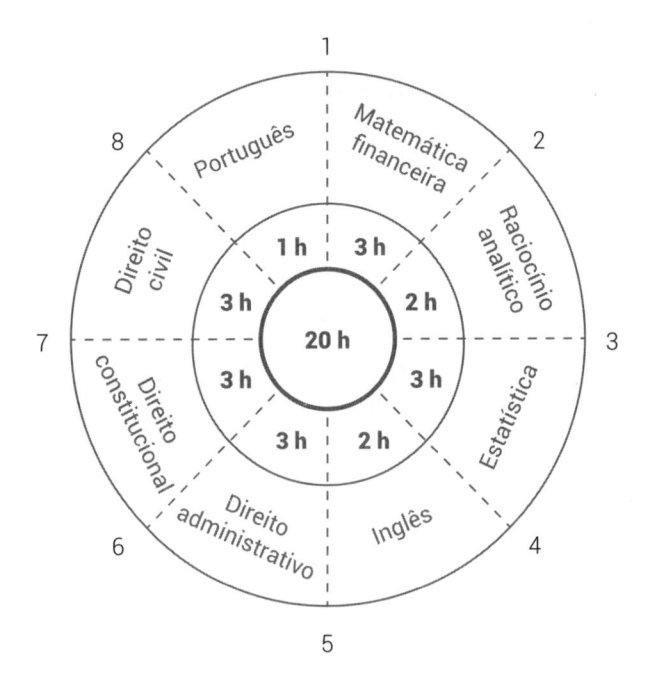

Total de horas do ciclo: _____

 Siga o roteiro do seu ciclo de horários de estudos planejados para sua semana.

À medida que o escopo de estudo determinado para as disciplinas vai sendo cumprido com resultados satisfatórios, outros temas devem ser inseridos.

O ciclo de estudos é um recurso utilizado por aprovados em diversos concursos, sendo indispensável para qualquer um que pretenda estudar com alto rendimento. Trata-se de um método de acompanhamento das matérias que permite estabelecer a inserção de novos conteúdos e revisá-los de maneira cíclica, atendendo aos princípios científicos da memória de curto, médio e longo prazo. Uma pessoa que estuda sem uma sequência lógica, após 60 dias, tende a apresentar apenas 10% de retenção de conteúdo, por isso os ciclos, de preferência semanais, se fazem necessários.

3.7.2 PAUSAS PARA DESCANSO

É vital para a produtividade contínua deste ciclo de estudo inserir pausas para descanso. Recomenda-se, a cada 1:30 h de dedicação, 30 min. de repouso da mente e do cérebro; porém, dependendo do nível do concurso ou da seleção, as metas precisam ser ordenadas de maneira realística. Não adianta considerar que desta maneira se tornará fácil para um aluno iniciante passar em um concurso de alto desempenho em seis meses. As metas precisam acompanhar o tempo de estudo diário do qual se dispõe no momento.

3.7.3 RECOMPENSAS

Outra consideração para quem está se preparando para mudanças significativas de agenda e sacrifício de tempo por um período é a inclusão de um sistema de recompensa quando subetapas são concluídas e metas são alcançadas. Ou seja, você pode se presentear com um pouco de lazer. Isso favorece também a memória, mas a premiação deve ser **leve**, diga-se de passagem, para não afetar negativamente a sua fisiologia.

3.7.4 AS LONGAS JORNADAS DAS MÃES

Para as mamães que passam por longas jornadas triplas ou quádruplas, recomendamos que conversem sobre este período de dedicação com seu cônjuge e/ou com outros membros da família buscando apoio durante um tempo determinado, diluindo este sacrifício com aqueles mais próximos. Esse apoio pode ser de grande valia para a otimização do seu tempo de estudo sem prejudicar a necessidade dos que mais precisam de sua atenção. Sabemos, todavia, que nem todas as mães podem contar com este apoio familiar. Por mais que o pensamento de conciliar os estudos com as demandas familiares e profissionais sejam intimidadoras, conhecemos inúmeras heroínas que venceram os mais difíceis obstáculos em busca de seus sonhos. Inspire-se no amor que sente pelos seus filhos e na visão de um futuro melhor para todos vocês. Faça adaptações de horário e no seu plano de estudo condizentes com as horas semanais em que poderá se dedicar. E vá em busca dos seus sonhos.

 ## 3.8 Estabeleça novos hábitos

Estabeleça hábitos cotidianos que cooperem com sua agenda de estudos.

A última etapa do mapa de aprendizagem consiste em estabelecer o hábito diário dos estudos. Na prática, consiste em incluir 3 h de estudo diárias em sua rotina.

Durante uma fase da minha vida, eu gastava aproximadamente 3 h por dia me locomovendo entre o trabalho e minha casa. Semanalmente, isso representa 15 h, mensalmente 60 h e anualmente 720 h. Não havia dúvida de que era um volume de tempo expressivo, que poderia ser mais bem aproveitado. Há um limite daquilo que se pode fazer quando se está em locomoção, especialmente se sua atenção precisa estar no volante. Minha escolha foi incorporar *audiobooks*, *podcasts* e outras formas de áudio com temas em que desejava aprofundar meus conhecimentos. Isso minimizava as horas de leitura mais tarde, sobrando mais tempo para dedicar-me a outras atividades.

Esse é um exemplo simples de hábitos que podemos incorporar no nosso cotidiano que otimizam nosso tempo e cooperam com a nossa agenda de estudos.

Pense em formas práticas de incorporar hábitos simples do seu processo de estudo em sua agenda cotidiana.

3.8.1   O PODER DOS HÁBITOS

Já parou para se perguntar por que algumas pessoas lutam tanto para mudar, apesar dos anos de tentativas, enquanto outras parecem se refazer da noite para o dia? O jornalista do *The New York Times* Charles Duhigg (2012), no seu livro *O poder do hábito*, discute que a partir das descobertas da neurociência se passou a compreender como os hábitos funcionam e exatamente em quais partes do cérebro eles se desenvolvem e residem.

Para Duhigg, a chave para se exercitar regularmente, perder peso, criar filhos excepcionais, tornar-se mais produtivo, construir empresas e obter sucesso em exames e provas é entender como os hábitos funcionam.

Os hábitos são ciclos de três etapas. Esse processo de três etapas é uma maneira fácil de nossos cérebros economizarem energia para tarefas mais importantes. Os três estágios são sugestão, rotina e recompensa. A sugestão desencadeia o hábito. A rotina é o comportamento envolvido como resultado da sugestão. Finalmente, há uma recompensa por concluir o processo. Até 40% do que fazemos todos os dias é no piloto automático e envolve essas três etapas.

Se aceitarmos que os hábitos são um "laço" neurológico dessas etapas, faz sentido que esses ciclos sejam difíceis de mudar.

Hábitos são difíceis de quebrar e quanto mais antigos, mais sedimentados em nós eles estão. Nesse sentido, é necessário induzir nosso cérebro a fazer algo diferente o suficiente para que se "esqueça" do velho hábito. Uma forma direta de mudar hábitos é simplesmente trocar um por outro, alterando nossa rotina o suficiente para isso.

A força de vontade é uma qualidade fundamental para construir novos hábitos. É também um dos fatores mais difíceis de trabalhar, porque as pessoas geralmente são tentadas a desistir facilmente – por exemplo, pessoas que fazem dietas ioiô.

Escolha incorporar este plano de estudos em sua nova rotina; no cumprimento de cada etapa, a sua mente dará respostas positivas, e isso provocará a motivação e a vontade de continuar o processo até o novo hábito de estudo fazer parte de você.

Comece devagar, uma vez que o seu plano de estudos está definido em função de suas metas. Inicie lentamente, testando-se por 7 a 30 dias, avaliando, reavaliando e, em seguida, de 30 a 60 dias, e então de 60 a 90 dias – período que a literatura em torno das neurociências indica que um bom hábito leva para se instalar. Durante as oscilações, não pare, não desanime, mas reflita. Você pode, inclusive, utilizar o *"Quiz* de conscientização de hábitos" que segue. Tenha paciência consigo mesmo e alimente o propósito de crescer e melhorar no percurso e, naturalmente, você desenvolverá hábitos que o levarão ao sucesso nos concursos ou nas seleções que enfrentar.

3.8.2 *QUIZ* DE CONSCIENTIZAÇÃO DE HÁBITOS

Em períodos desafiadores, torna-se fundamental o cuidado com a sua saúde emocional, visando ao fortalecimento dos hábitos em processamento. A tomada de consciência também se faz necessária nesses períodos. Assim, construa o mapa para entender o seu momento.

1. Antes de entrar no cenário atual, em que grau você levava a sério os seus estudos? Considere uma escala de 1 a 5, na qual 5 é bastante satisfatório.

   1 ( )　　　2 ( )　　　3 ( )　　　4 ( )　　　5 ( )

2. De que forma o cenário atual impactou sua motivação diária para o estudo? Considere uma escala de 1 a 5, na qual 5 indica que você foi bastante impactado.

   1 ( )　　　2 ( )　　　3 ( )　　　4 ( )　　　5 ( )

3. A dúvida acerca das condições futuras, em geral, amplia níveis de ansiedade. Como você sente isso nas suas ações diárias de estudo? Considere uma escala de 1 a 5, na qual 5 indica que você se sente bastante ansioso.

   1 ( )　　　2 ( )　　　3 ( )　　　4 ( )　　　5 ( )

4. Você tem encontrado um canal para liberar essas possíveis tensões geradas e tem conseguido manter o nível de produtividade? Considere uma escala de 1 a 5, na qual 5 indica que você consegue manter satisfatoriamente a produtividade de estudo.

   1 ( )　　　2 ( )　　　3 ( )　　　4 ( )　　　5 ( )

5. Considerando o momento, o seu nível de ansiedade e a sua produtividade atuais, os seus pensamentos são predominantemente positivos ou negativos?

   Positivos ( )　　　Negativos ( )

6. Você conseguiu estabelecer uma rotina para este momento? Considere uma escala de 1 a 5, na qual 5 indica que você a estabeleceu satisfatoriamente.

   1 ( )　　　2 ( )　　　3 ( )　　　4 ( )　　　5 ( )

Avalie o momento de oscilação, retome o controle das emoções e dos novos hábitos, e continue crescendo.

4

Memorização e Aprendizagem Acelerada

*"Memória" é aquisição, formação, conservação e evocação de informações.
A aquisição é também chamada de aprendizagem:
só se "grava" aquilo que foi aprendido.*

Ivan Izquierdo

🎯 OBJETIVOS DO CAPÍTULO

Apresentamos neste capítulo:

→ Estratégias e métodos cientificamente comprovados para uma aprendizagem acelerada e efetiva. Dominar estas técnicas não só lhe economizará incontáveis horas de estudo, mas fará da sua aprendizagem um processo indolor, envolvente e habitual.

→ Além disso, trataremos das ansiedades e dos medos que paralisam os candidatos diante de seus desafios seletivos, retomando o controle de suas emoções para aprender de forma saudável e estratégica e, claro, memorizar, a partir de técnicas precisas, os conteúdos necessários aos objetivos.

Assim, com as práticas adequadas de aprendizagem e o controle das emoções, pode-se otimizar seu processo de estudo e níveis de aprendizagem.

4.1 Modelagem de aprendizagem

4.1.1 O QUE É MODELAGEM?

Modelagem é o termo usado quando temos uma pessoa como inspiração, referência e modelo para designar as ações que nos levarão ao que desejamos realizar. Por exemplo, alguém que deseja empreender poderá modelar as estratégias e técnicas de algum empreendedor de sucesso. Em nosso caso, buscamos inspiração em pessoas que desafiaram seu *status quo*, seus rótulos limitadores. É o caso, por exemplo, de Justus Uwayesu, que viveu como mendigo nas ruas de Ruanda, pequeno país da África Central. Em reportagem ao jornal *The New York Times*, ele relata que morou dentro de um carro incendiado em um depósito de lixo e, pela falta de chuveiro, chegou a ficar um ano sem tomar banho (WINES, 2014). Justus passou 13 anos estudando e aprendeu inglês, francês, suaíli e lingala. Após completar seus estudos, ele conseguiu alcançar muito mais conquistas. Hoje, Justus Uwayesu faz parte da maior universidade do mundo, Harvard.

Modelagem é provavelmente a habilidade mais importante da programação neurolinguística (PNL). Modelar o desempenho bem-sucedido leva à excelência. Consiste em observar e copiar (ou modelar) a maneira pela qual outras pessoas obtêm resultados. É fácil sugerir e experimentar diferentes abordagens para ver o que funciona para nós.

Como em todas as abordagens da PNL, antes de começar, pense no que deseja alcançar.

4.1.2 QUEM INSPIRA A SUA FORMA DE ESTUDAR E APRENDER?

A aprendizagem é objeto de estudo e de interesse de muitas sociedades e se estende na linha do tempo. Os filósofos da Antiguidade Clássica, por exemplo, partiram da observação e da reflexão sobre as respectivas relações das pessoas com o universo para compreender como cada uma aprendia sobre temas diversos, entre eles a felicidade. A verdade é que, independentemente de origens ou condições sociais, você pode aprender sobre si mesmo, sua realidade, seus desejos em relação ao mundo e seus objetivos práticos de vida.

Quem influencia ou já influenciou a sua forma de estudar e aprender? Talvez um professor, um colega de estudo, ou ainda um *influencer* das redes sociais. Quem o tem inspirado e quais exemplos de sucesso você tem modelado? Todos nós precisamos de modelos inspiradores e exemplos de sucesso de pessoas que já conquistaram o que ainda desejamos conquistar, trazendo um senso de conforto e encorajamento para uma jornada que ainda será trilhada. Se alguém conseguiu, nós também conseguimos! O seu processo de aprendizagem evoluirá na medida em que você conseguir efetivamente modelar a mesma estratégia e replicar hábitos, mindset e todos os recursos utilizados pelo seu modelo de sucesso.

VOCÊ SABIA?

Foi B. F. Skinner que, através da psicologia behaviorista, introduziu a modelagem comportamental, inicialmente observando o efeito do condicionamento no comportamento de ratos de laboratórios por meio do reforço positivo. Anos mais tarde, Robert Dilts adotou o sistema de observação de comportamento na PNL e definiu este processo da seguinte maneira:

> Modelagem do comportamento envolve a observação e o mapeamento dos processos bem-sucedidos que formam a base de algum tipo de desempenho excepcional. É um processo de tomar um evento complexo, ou uma série de eventos, e dividi-lo em pequenos segmentos suficientes para que o evento possa ser recapitulado de alguma maneira (DILTS, 1983, p. 38, tradução nossa).

É por essa e por tantas provas históricas que se afirma: uma pessoa que deseja aprender coisas novas para desafios novos pode e é capaz de fazê-lo, desde que assuma o controle das suas emoções e tenha o modelo correto. Tendo em mente essa premissa, uma pessoa que nunca estudou direito, por exemplo, pode, se estiver no trilho certo, aprender, absorver os programas e ser aprovada em concursos que contemplem essa temática.

COLOCANDO EM PRÁTICA: VISUALIZAÇÃO CRIATIVA & MODELAGEM

Selecione um modelo inspirador, alguém com habilidades, características e resultados que você gostaria de conquistar. É importante que você os veja realizar a atividade que deseja modelar – na vida real ou através de filme ou vídeo. Quanto mais tempo você os observa e os escuta em um estado neutro, ou seja, um estado aberto e receptivo, sem filtros e preconceitos, melhor. Agora, você aplicará um exercício muito comum nas sessões de coaching: a visualização criativa. Essa técnica utiliza os sistemas representacionais, ou seja, os cinco sentidos internos: visão, audição, paladar, tato e olfato. Processamos todas as informações através de nossos sentidos, por isso essa é uma técnica tão poderosa.

Com seu modelo em mente, leia os cinco passos apresentados na Figura 4.1 e faça uma aplicação prática, que lhe produzirá novos e mais elevados resultados.

Figura 4.1   Visualização criativa & modelagem

Imagine-os em ação.
Relaxe. Sente-se confortavelmente, respire fundo e, com os
olhos fechados, visualize em sua mente essa pessoa em
ação. Coloque uma música inspiradora para ajudar sua
concentração. Reproduza um filme com sons, cores e lugares
que mostrem a atitude, mentalidade, comportamento,
dedicação e persistência do seu modelo.

Entre e viva a cena.
Ainda no campo da imaginação, coloque-se no lugar desta
pessoa e entre na cena em 3D. Veja-se realizando as
mesmas coisas que seu modelo e torne a experiência
sinestésia com cheiro, temperatura e textura. Visualize-se
replicando a mesma estratégia e conquistando os mesmos
resultados. Celebre sua conquista com emoção.

Repita uma ou duas vezes.
Imprima e guarde a sua imagem de conquista dentro de
você. Repita este processo duas ou três vezes, aperfeiçoando
a sua técnica de visualização criativa. Viva com intensidade
emocional a experiência.

Quebre o estado de concentração.
Antes de abrir seus olhos, respire fundo três vezes. Ao abrir
seus olhos, se concentre na textura do chão ou da parede
para quebrar o estado de concentração em que estava.
Volte para o aqui e o agora, mas traga consigo toda a
emoção que viveu.

**Escolha um tema de estudo e pratique suas
novas habilidades.**
Aplique as estratégias e recursos que aprendeu e ampliou em
si mesmo a partir desta experiência e colha novos resultados.

Fonte: www.coaching4.com

4.2 Superando ansiedades e medos

Qualquer um é capaz de enumerar fatores e desculpas para se afastar de seus sonhos.

Por isso, seu plano de ação deve considerar métodos e diretrizes de estudo que o fortaleçam para atravessar os picos e vales interiores e exteriores da vida.

Adversidades são características momentâneas na vida de qualquer pessoa. Portanto, mantenha-se consciente da decisão de sucesso que tomou e da linha que já foi traçada.

Nada nem ninguém poderá afastar uma pessoa confiante de sua respectiva vitória.

Todavia, muitos entram em um estado de paralisia diante das incertezas sobre o presente e o futuro, produzindo um ciclo de medo e causando crises de ansiedade.

A Figura 4.2 sumariza este **processo de paralisia diante de desafios** como processos seletivos e exames de qualificação profissional.

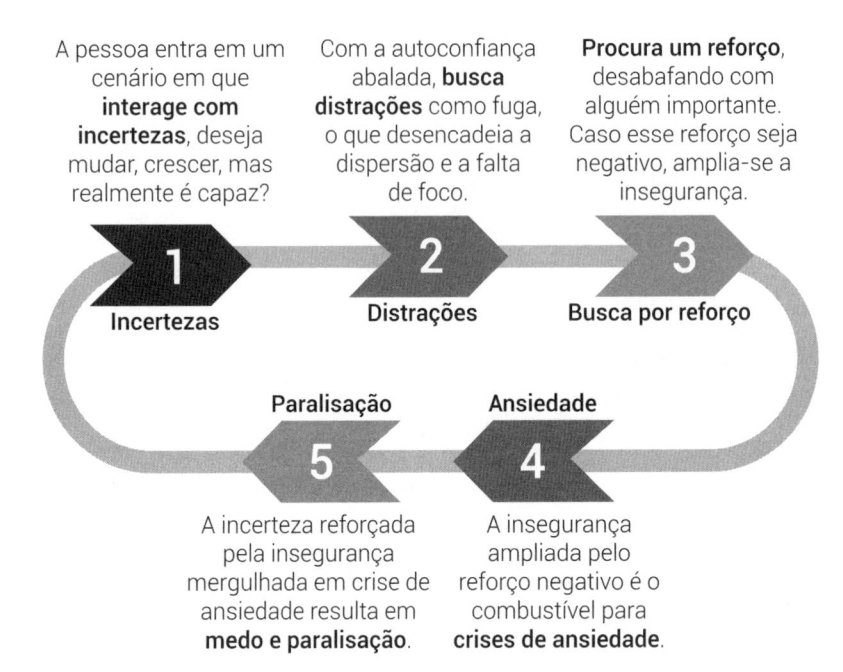

Figura 4.2 Processo de paralisia diante de desafios

A pessoa entra em um cenário em que **interage com incertezas**, deseja mudar, crescer, mas realmente é capaz?

Com a autoconfiança abalada, **busca distrações** como fuga, o que desencadeia a dispersão e a falta de foco.

Procura um reforço, desabafando com alguém importante. Caso esse reforço seja negativo, amplia-se a insegurança.

1 Incertezas

2 Distrações

3 Busca por reforço

Paralisação

Ansiedade

5

4

A incerteza reforçada pela insegurança mergulhada em crise de ansiedade resulta em **medo e paralisação**.

A insegurança ampliada pelo reforço negativo é o combustível para **crises de ansiedade**.

Fonte: www.coaching4.com

Assim é um candidato em preparação para vestibulares, concursos, ou um profissional visando aprovação em exames de proficiência. Se descuidadas, a incerteza, as distrações e a ansiedade podem resultar em ciclos paralisadores de medos e fobias. As consequências podem variar de uma redução no seu ritmo de aprendizado até um bloqueio ou paralisia, causando as conhecidas estatísticas de abstenção de candidatos desistentes e daqueles que se rendem à zona de conforto. Em outras palavras, se você simplesmente comparecer ao seu exame no dia agendado, já terá superado em até 60% seus pares ou concorrentes (ELIAS, 2018).

4.2.1 O ANTÍDOTO AO PROCESSO DE PARALISIA

Se você já abortou sonhos, desistiu no meio do caminho e se identifica como uma vítima do processo de paralisia, queremos te apresentar três decisões-chave que mudarão completamente seus rumos e seus resultados. Estamos propondo que faça novas escolhas, sabendo que escolhas resultam em destinos. Uma escolha séria implica eliminar todas as outras possibilidades e se comprometer com tudo o que você tem.

Pense em duas decisões realmente importantes que já tomou na sua vida. Se essas decisões fossem tomadas de uma outra maneira, onde você estaria hoje?

Reconhecendo o poder das escolhas, responda às três perguntas propostas na Figura 4.3, assumindo um compromisso com as novas decisões que está tomando. Suas novas escolhas funcionarão como antídoto dos indesejáveis bloqueios. Assuma de volta as rédeas do seu futuro e comece as mudanças agora.

Figura 4.3 — As três decisões-chave

Foco	**Significado**	**Ação**
Qual será o meu foco?	Qual o significado para mim?	Qual ação vou tomar?
Aquilo em que você foca se expande.	Mais importante do que os fatos é o significado que damos a esses fatos.	Estabeleça o que vai ser feito a partir do foco e do novo significado das coisas.
Escolha onde deseja concentrar sua atenção de hoje em diante.	Nós escolhemos o significado que queremos dar às coisas e aos eventos da vida.	**PENSE:** como agirei diferente das outras vezes?
PENSE: como se sentirá se focar os erros do passado e os fracassos que já vivenciou?	**PENSE:** isso é o começo ou o final de algo?	

Fonte: www.coaching4.com

4.2.2 INTELIGÊNCIAS MÚLTIPLAS E INTELIGÊNCIA EMOCIONAL

Seu estado emocional influencia a qualidade de sua aprendizagem. Com o advento dos estudos sobre inteligências múltiplas de Gardner[1] e inteligência emocional de Goleman, descobriu-se que os estados cerebrais e, portanto, emocionais são os responsáveis por mobilizar a disposição de aprender e de agir diante das situações adversas e desafiadoras.

Para Goleman (2012a), o controle emocional requer, primeiro, autoconsciência – que consiste na habilidade e capacidade de olhar para si por inteiro, identificando os sentimentos, as qualidades, os defeitos, mas sem julgamentos – e, segundo, autorregulação – que é a habilidade de gerenciar impulsos e trabalhar retornos adequados em situações de estresse, ansiedade etc. Ou seja, você precisa encontrar o bem-estar interior para enfrentar um concurso público ou qualquer situação seletiva. Isso alavancará os seus resultados.

Em outras palavras, a capacidade de adquirir um conhecimento está intimamente relacionada com o que você sabe e sente sobre si mesmo, principalmente em situações de pressão, e com a possibilidade de redimensionar aquilo que não é positivo. Isso está relacionado ao percurso de vida de cada um, experiências, crenças e valores, por isso tenha bastante atenção com as suas emoções e acredite no seu potencial durante o percurso de preparação para concursos. Você pode desenvolver habilidades e aprender matérias e conteúdos com os quais não tinha familiaridade anteriormente, então esteja disponível para o novo.

---

[1] Gardner identificou nos seres humanos as inteligências linguística, lógico--matemática, espacial, musical, cinestésica, interpessoal, intrapessoal, naturalista e existencial.

VOCÊ SABIA?

A autoimagem é a forma como você se vê, um conceito que está diretamente relacionado à autoestima. De maneira didática e simples, muitas pessoas se veem menos capazes de conquistar algo ou capazes em excesso, quando ainda precisam cuidar de detalhes e ajustes de percurso. Para tanto, a autoconsciência e a busca por equilíbrio entre você e a sua imagem são pontos de apoio para uma preparação sólida nos desafios dos concursos e, especialmente, da vida.

COLOCANDO EM PRÁTICA: DIMINUA A ANSIEDADE E SE FORTALEÇA

» Faça uma lista de sonhos que você deseja realizar a partir da sua aprovação nos concursos ou demais testes.

» Fixe a lista em um lugar visível para sempre lembrar o valor das suas conquistas pessoais.

> » Organize o seu dia de uma maneira positiva, por meio de um *checklist* que englobe os rituais do dia, os cuidados com a mente, o corpo e a alimentação, associando-os a horários de estudo que sejam realísticos com as rotinas gerais de vida – trabalhar com a ilusão de metas fora de contexto potencializará medos e ansiedades de fracasso. Siga um ciclo de estudos adequado com base no tempo que determinou para construir o resultado; assim, os períodos de tormenta passarão e você continuará firme no propósito de aprovação.
>
> » Não se esqueça de se avaliar emocionalmente sempre. Caso necessite de orientação profissional, procure-a para melhorar sua qualidade de vida e de estudo.

4.3 Fatores de favorecimento à retenção de conhecimento

Em meio à turbulência do cotidiano, velocidade de informações e trabalhos excessivos, uma dificuldade de quem se prepara para algum tipo de exame é a retenção de conteúdos, a memorização de conceitos e matérias e o máximo aproveitamento em relação aos estudos preparatórios. Alguns fatores podem favorecer a memorização e melhorar os estudos preparatórios; portanto, atenção!

1) Elimine mitos

Mitos de que a aprendizagem é para poucos precisam ser eliminados do seu cotidiano. Organize a sua mente para estudar e faça isso diariamente para criar os hábitos adequados ao nível de preparação a que deseja se submeter.

2) Estabeleça metas

Ter metas bem estabelecidas ajuda a regular as emoções acerca das atitudes proativas de estudo. Quanto mais seguro do caminho, mais aberto a aprender e reter informação você estará.

3) Selecione excelentes materiais

A coletânea de materiais para os estudos precisa ser de excelência, e isso independe de recursos financeiros. Há bastantes arquivos de qualidade e gratuitos na rede para vários fins de preparação, por isso faça a melhor seleção. As informações de qualidade motivarão o estudo e a retenção de conteúdo.

4) Organize um ambiente limpo e silencioso

O ambiente em que você estuda reflete diretamente a sua organização interna para o estudo, é reflexo de si mesmo e da decisão tomada de mudança de vida.

Busque o melhor espaço da casa, seja uma residência simples ou pomposa – não importa. Há casos de pessoas que estudam até mesmo em uma mesa improvisada. O que realmente importa é que seja um espaço limpo, silencioso, com os materiais organizados e o *checklist* e a lista de sonhos visíveis. Caso exista dificuldade quanto ao silêncio em horários regulares durante o dia, reorganize a sua rotina para horários menos convencionais e analise como o seu corpo se comporta nessa situação. Se não reagir bem ou com produtividade ao longo de 5 a 30 dias, então procure um espaço externo – uma biblioteca pública, por exemplo – tendo em vista que o silêncio é essencial no momento das leituras, dos exercícios e da manutenção da concentração e do foco.

5) Repita os ciclos

A repetição dos ciclos de estudo desenvolvidos no Capítulo 3, com a variação das matérias em cada dia, levará você a gerar hábitos positivos de estudo e favoráveis à retenção de conteúdo. Não se esqueça de respeitar os intervalos de aprendizagem do cérebro. Uma mente fortalecida se torna ilimitada no processo de estudo.

VOCÊ SABIA?

As pessoas possuem uma curva de esquecimento. Por esse motivo, faça um ciclo de retomada das matérias para que os conteúdos fiquem ao máximo no circuito estudo-revisões, aumentando a possibilidade de retenção.

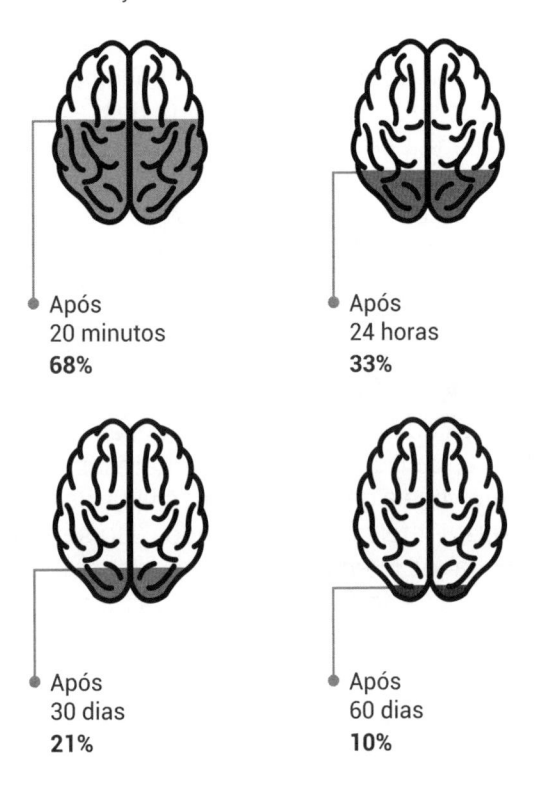

Após
20 minutos
68%

Após
24 horas
33%

Após
30 dias
21%

Após
60 dias
10%

**A curva do esquecimento:
quanto retemos do conteúdo após estudá-lo?**

Fonte: voceconcursado.com.br

4.4 As cinco principais técnicas de memorização

Com metas bem estabelecidas, planilha ou plano de ação, ciclo de estudos organizado, hábitos que favorecem a memorização, emocional regulado, crenças expandidas, num cenário ideal para todos que almejam sucesso em concursos públicos e outras seleções, chegou o momento de voar nos estudos com as técnicas de memorização que mais se adequam às preparações, considerando o seu perfil. Quando falamos em técnicas, é importante seguir o fluxo aprender – apreender – revisar – praticar.

4.4.1 RESUMO OU FICHAMENTO

 Para quem se prepara com mais tempo, o resumo ou fichamento é um ótimo recurso para revisões e memorização. Quando o candidato estabelece uma meta de médio e longo prazo, é possível estudar com mais detalhamento, e essa técnica passa a ser interessante. Em uma definição simples, consiste em reescrever o conteúdo estudado com suas próprias palavras em fichas, formando um índice de estudo por matéria. Deve-se ter cuidado apenas para filtrar o que realmente é importante acerca dos temas estudados.

Como benefícios à preparação, percebe-se que o fichamento:

» Melhora o entendimento inicial.
» Requer processamento do cérebro sobre as leituras.
» Melhora a compreensão acerca das informações.
» Serve como ótimo material de revisão.
» Permite revisões em muito menos tempo.

Disponibilizamos neste capítulo quatro modelos de fichamento (disponíveis on-line) para orientar seu processo de aprendizagem acelerada (Figuras 4.4 a 4.7).

Figura 4.4 Modelo de fichamento 1: resumo de ideias principais de um tópico/texto

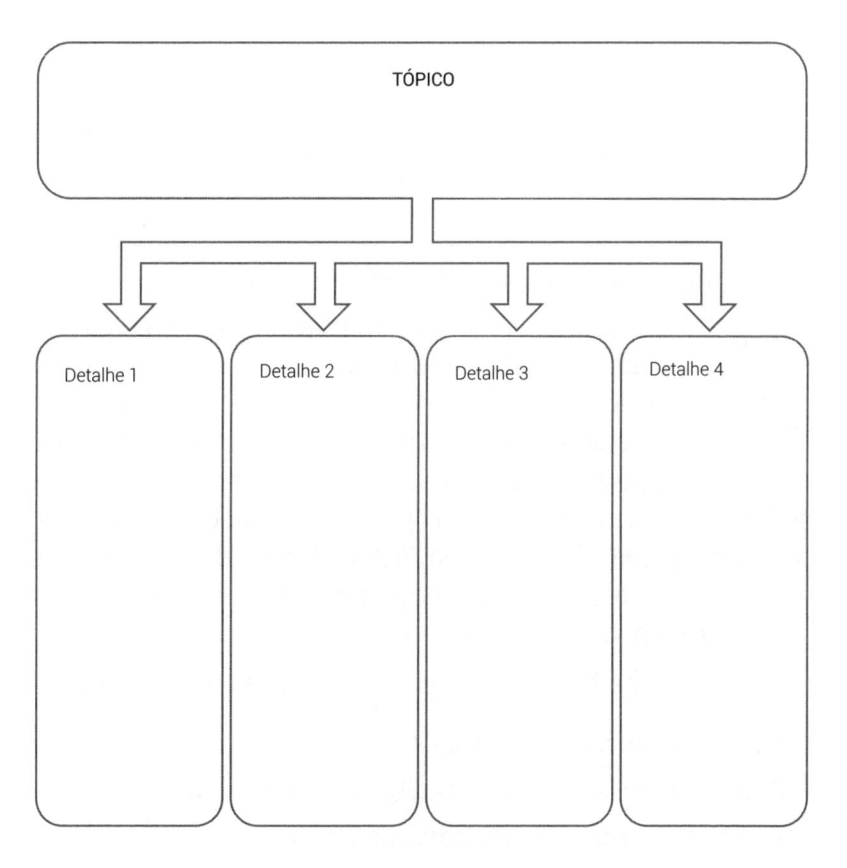

Figura 4.5 Modelo de fichamento 2: resumo de ideias principais e detalhes relevantes de um tópico/texto

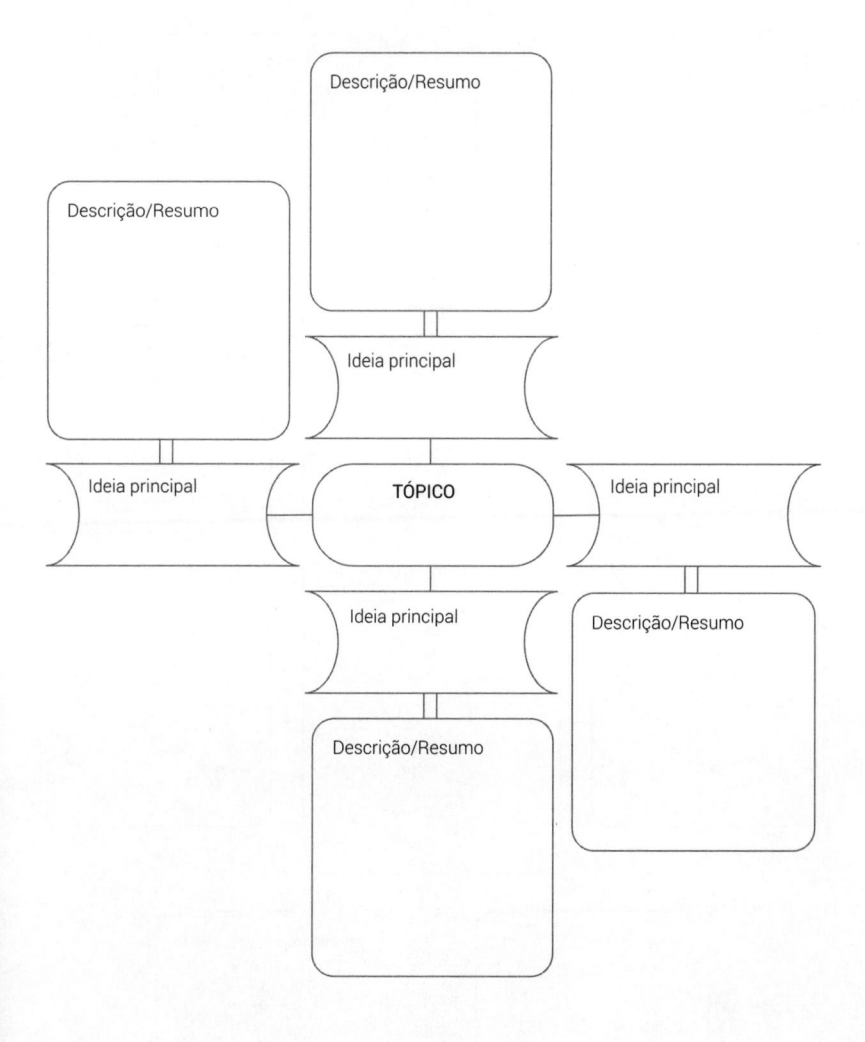

Figura 4.6   Modelo de fichamento 3: sumarização textual e destaque de até oito tópicos-chave

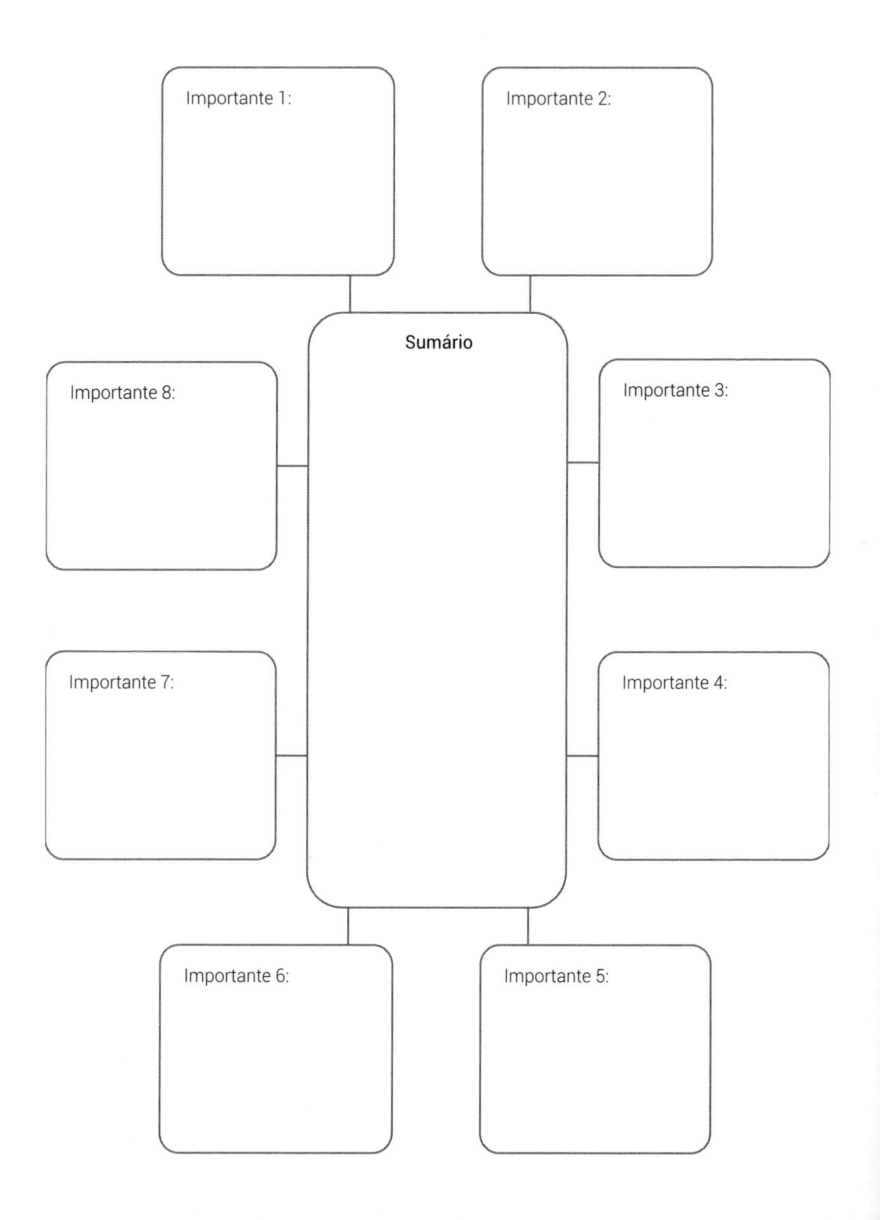

Figura 4.7 Modelo de fichamento 4: análise completa de um tópico

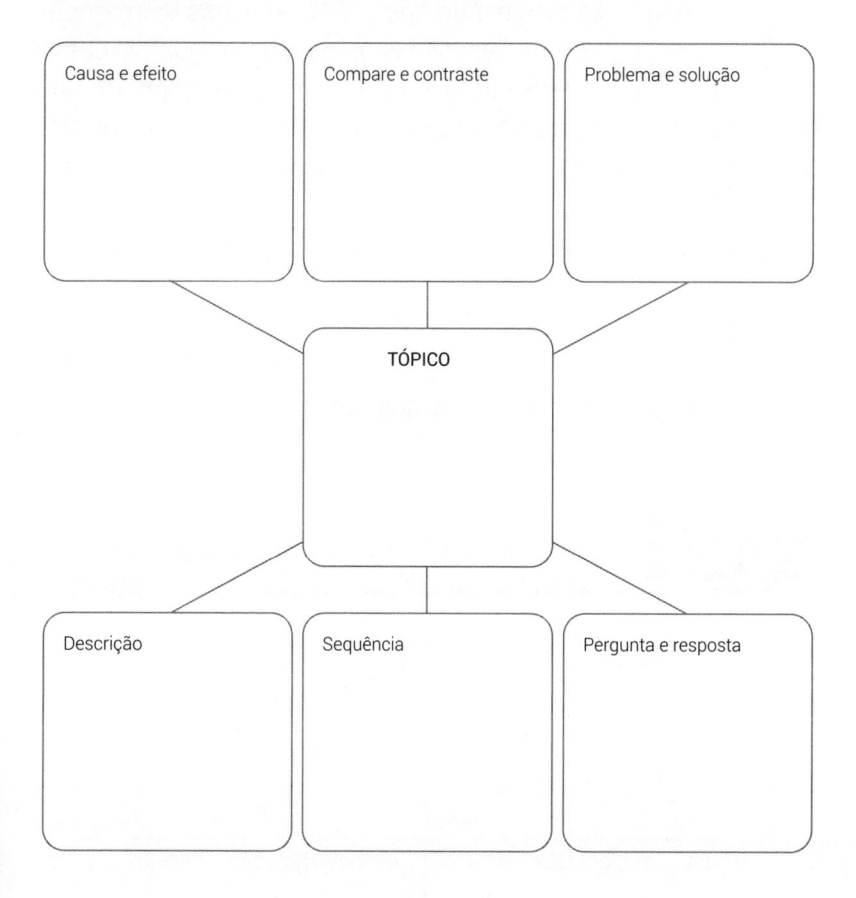

4.4.2 *FLASH CARDS* (FICHAS DE MEMORIZAÇÃO)

Uma técnica bastante eficiente para favorecer as memorizações é a do *flash card*, ou fichas de memorização. Você cria essas fichas com as perguntas-chave das matérias na parte frente, e no verso coloca a resposta. São bem interessantes, mas as fichas precisam ser simples e agrupadas por sequência de cada matéria, visando facilitar o processo de revisão.

Como benefícios à preparação, percebe-se que os *flash cards*:

» São excelentes para revisões práticas.

» Ativam a memória com conexões diretas aos conteúdos.

» Otimizam o tempo de revisão, quando agrupados por matéria.

A Figura 4.8 ilustra como fazer os *flash cards*.

Figura 4.8 Modelo de *flash card*: fichas para testar e treinar a memorização de conteúdo

Pergunta/Problema/Descrição	Resposta/Solução/Conceito
Frente	Verso
Pergunta/Problema/Descrição	Resposta/Solução/Conceito
Frente	Verso
Pergunta/Problema/Descrição	Resposta/Solução/Conceito
Frente	Verso

Coloque a questão na frente e a resposta no verso. Quando for revisar, embaralhe as fichas e teste sua memória. Se tiver alguém que possa ajudá-lo, essa técnica funciona melhor em dupla.

4.4.3 AUTOEXPLICAÇÃO POR GRAVAÇÕES DE ÁUDIO E VÍDEO

Outra técnica também recomendada para quem tem uma meta de médio e longo prazo para aprovação em concursos públicos e seleções é a autoexplicação por gravações de áudio e vídeo. Consiste em uma técnica de memorização e aprofundamento em que se estabelece a divisão de tópicos principais por assunto e se gravam vídeos explicativos ou áudios como um *podcast*. O conteúdo estudado e gravado pode ser revisto em qualquer lugar, podendo ser utilizado como recurso de aproveitamento do tempo.

VOCÊ SABIA?

A aprendizagem e a memorização possuem níveis progressivos de retenção de conteúdo de acordo com o método utilizado para obtê-lo. Por isso, seja criterioso em suas escolhas de como estudar: desde a técnica até a disposição dos materiais de estudo selecionados. Na pirâmide de Glasser,[2] pode-se perceber que a técnica da autoexplicação ou mesmo a explicação aos outros (em caso de estudo em grupo ou exercício da docência) têm alto teor de eficiência, porém o planejamento deve ser assertivo para não haver desgaste de tempo (Figura 4.9).

---

[2] William Glasser (1925-2013) foi um psiquiatra norte-americano conhecido por diversos estudos a respeito de saúde mental e comportamento humano. Uma de suas mais famosas pesquisas é a Teoria da Escolha, aplicada até hoje pelo instituto que leva seu nome e por seus seguidores.

Figura 4.9 — Pirâmide de Wiliam Glasser

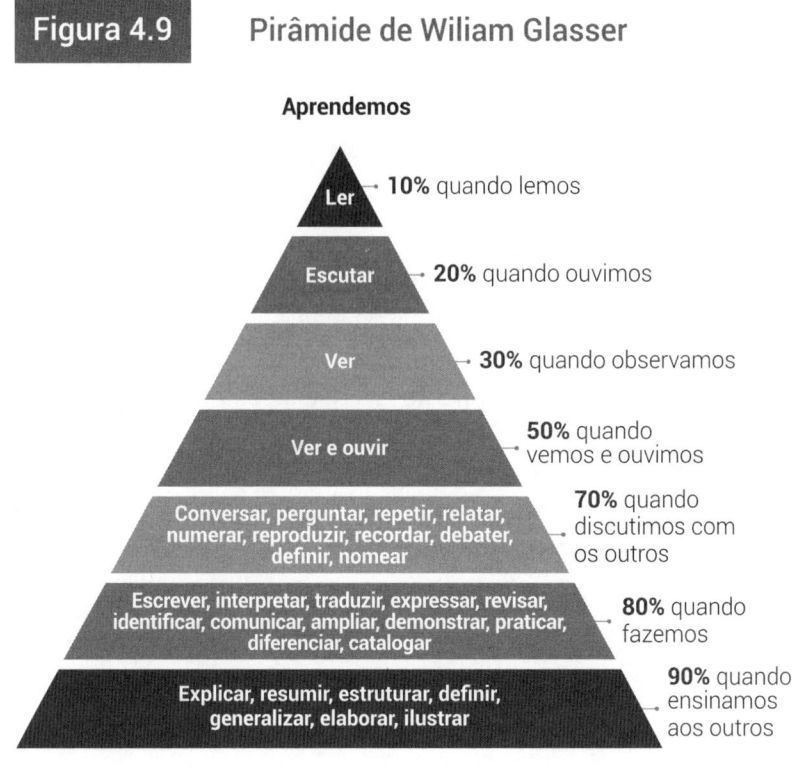

Aprendemos

- **Ler** — **10%** quando lemos
- **Escutar** — **20%** quando ouvimos
- **Ver** — **30%** quando observamos
- **Ver e ouvir** — **50%** quando vemos e ouvimos
- **Conversar, perguntar, repetir, relatar, numerar, reproduzir, recordar, debater, definir, nomear** — **70%** quando discutimos com os outros
- **Escrever, interpretar, traduzir, expressar, revisar, identificar, comunicar, ampliar, demonstrar, praticar, diferenciar, catalogar** — **80%** quando fazemos
- **Explicar, resumir, estruturar, definir, generalizar, elaborar, ilustrar** — **90%** quando ensinamos aos outros

Fonte: incape.net.br

Como benefícios à preparação, percebe-se que a autoexplicação gravada:

» Melhora a seleção dos conteúdos em virtude da gravação.

» Pode ser usada em qualquer lugar, como estudo no transporte público, por exemplo.

» Serve como ótimo material de revisão.

» Permite revisões em muito menos tempo.

Para desenvolver um roteiro de autoexplicação, utilize a trilha proposta na Figura 4.10. Elabore sua autoexplicação respondendo a cada pergunta proposta na trilha. Isso poderá facilitar a organização das ideias para, assim, moldar as explicações.

Figura 4.10   Roteiro de autoexplicação

Estrutura temática
Quais os tópicos gerais e subtópicos desta matéria? O que dizem resumidamente?

Relevância
Qual é sua relevância neste curso ou exame?

Destaques
Quais os temas mais recorrentes e/ou importantes?

Perguntas e problemas
Quais perguntas e problemas preciso saber responder/resolver?

4.4.4 MAPA MENTAL

O mapa mental é uma técnica bastante eficiente e orientada para candidatos com metas de curto, médio e longo prazo. Trata-se da sistematização dos conteúdos principais em diagramas que facilitam o fluxo cerebral diante do assunto e, portanto, fortalecem os processos de aprendizagem. Demanda um estudo aprofundado, visando a compreensão das temáticas e de suas subdivisões; além disso, exige um tempo para a montagem dos mapas com organização e eficiência.

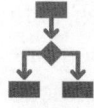 Como benefícios à preparação, percebe-se que o mapa mental:

» Reduz o volume de material, otimizando o espaço de estudo e melhorando a competência organizacional.

» É excelente material de revisão, em especial para períodos de véspera de prova.

» Conduz ótima sistematização dos assuntos.

» Aumenta a produtividade de estudo.

» Amplia a visão sobre os assuntos e melhora a percepção e a seleção das ideias.

A Figura 4.11 traz um exemplo de mapa mental.

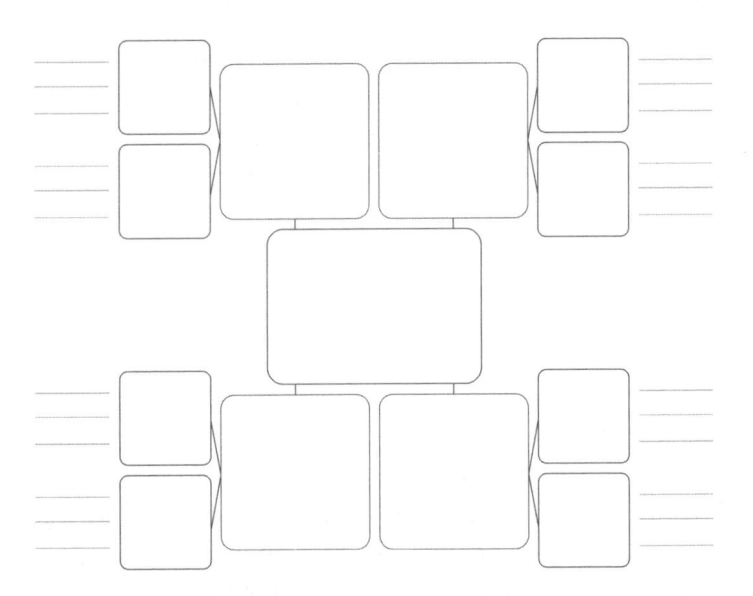

Figura 4.11 Modelo de mapa mental: sistematização do conteúdo de um tema em subtemas e suas definições

4.4.5 EXERCÍCIOS E SIMULADOS CRONOMETRADOS

Para quem fará provas de concursos ou seleções, esta informação precisa ser fixada: não há como memorizar ou reter o máximo de conteúdo sem a resolução

de exercícios e o teste dos conhecimentos por meio dos simulados. A cada avanço nas leituras de acordo com a técnica à qual você se adapta melhor, a resolução de exercícios coerentes com a banca organizadora e a correção de provas anteriores, com tempo determinado, se faz uma premissa quase obrigatória. Além disso, é interessante participar de simulados organizados por plataformas on-line ou cursos presenciais. Um aprendizado do percurso de resolução de exercícios está nos conceitos de questões de melhor custo-benefício, ou seja, com o tempo, você vai compreendendo que algumas questões são tão boas que o levam a refletir algumas vezes sobre elas, errando-as e desafiando-se mais. Priorizar esses modelos fortalece a aprendizagem.

Como benefícios à preparação, percebe-se que essa técnica:

» Ajuda na compreensão prática dos conteúdos.

» Aumenta a retenção.

» Ajuda a compreender o perfil da banca.

» Traz a realidade dos concursos para você.

» Aumenta a sua crença em si mesmo.

 **VOCÊ SABIA?**
As músicas são ótimas aliadas para a memorização e um recurso bastante utilizado por professores de cursos preparatórios e alunos que gostam desse modelo. Segundo a neuropsicóloga Catherine Loveday, em depoimento ao jornal *The Guardian*, a música estimula o cérebro em virtude das conexões emocionais que temos com ela (COSTANDI, 2016).

**COLOCANDO EM PRÁTICA:
DEFININDO O MELHOR MODELO**

Com base nas informações apresentadas aqui, escolha as técnicas às quais você se adapta melhor, considerando seu perfil, metas, rotinas e áreas de concurso almejadas. Vamos aplicar!

4.5 Edital verticalizado ou personalizado (EVP)

4.5.1 PRINCÍPIO DE PARETO

O recurso que você aprenderá agora consiste na proposta de maximizar sua produtividade e eficácia enquanto estuda e aprende. Propomos um princípio conhecido na área de gestão da qualidade e adotado por grandes montadoras no mundo inteiro, o Princípio de Pareto.

Vilfredo Fritz Pareto (1848-1923) foi um engenheiro, cientista político, matemático, sociólogo, acadêmico e economista de nacionalidade franco-italiana. Resumidamente, no início do século XX, ele observou em um cultivo de ervilhas que 20% das vagens eram responsáveis por 80% da produção de qualidade e, ampliando as observações, levou isso para o campo socioeconômico, ou seja, 80% das terras, na Itália, eram de posse de

20% das famílias – uma má distribuição que observamos até os dias atuais em algumas economias vigentes. As suas observações vieram a ser reconhecidas por meio dos estudos do famoso consultor de negócios Joseph Juran, nascido na Romênia, mas crescido nos Estados Unidos. Ele formou-se em engenharia e atuou em processos de gestão da qualidade. No ano de 1941, expandiu o Princípio de Pareto, estipulando que, em variados contextos, 20% dos elementos presentes determinam causas, e 80% determinam consequências. A questão é que essa premissa, ao mesmo tempo que faz parte do século passado, continua atual em significativos setores de estudo.

4.5.2 PADRÕES DOS EDITAIS DE CONCURSOS

Com base no Princípio de Pareto de que 20% das causas determinam 80% das consequências, alguns professores de cursos preparatórios para concursos, no impulsionamento das seleções públicas ocorridas no início da década de 2000, passaram a analisar os editais e as provas anteriores de forma mais detalhada, verificando o estilo e a característica pela qual as bancas escolhiam os temas para os exames.

Foi observado certo padrão nos exames que poderia ser traduzido em um plano otimizado de preparação dos alunos:

» **Padrão 1**: é possível fazer um raio X do que mais cai em provas e, dependendo da banca, o Princípio de Pareto se aplica: 20% dos conteúdos (causas) em edital são responsáveis por 80% das questões (consequências) nas provas.

» **Padrão 2**: as bancas produzem questões inéditas, mas há um índice de elaboração inspirada em questões de provas realizadas por outras bancas. Isso se aplica ainda a alguns modelos de vestibulares.

4.5.3 EVP E PREPARAÇÃO PARA CONCURSOS

A introdução do edital verticalizado ou personalizado (EVP) como método preparatório para concursos públicos foi um importante divisor de águas para candidatos em preparação. **Um EVP organiza o edital oficial do seu concurso em tópicos, incluindo todas as matérias e os respectivos conteúdos listados por ordem de importância**, ou seja, uma verticalização de prioridades. É possível fazer isso com base em editais e provas anteriores, além da compreensão acerca do estilo da banca responsável pelo concurso.

O EVP otimiza o tempo do candidato que precisa priorizar sua aprendizagem e assimilação de conhecimentos por meio de trilhas de conteúdos de maior relevância histórica no concurso em questão. Por isso o EVP é recomendado aqui como técnica de aprendizagem acelerada e assertiva em processos seletivos no geral. Porém, neste quesito, é essencial não se iludir: pessoas que se apropriam dessas informações podem acreditar que, apenas se pautando nas indicações do edital verticalizado, o sucesso do percurso será automático, e não é bem assim. Você precisa ter o mapeamento de todas as ações no percurso de estudo e "dissecar" as matérias que estão direcionadas ao certame.

Nossa proposta é que você utilize por completo o mapa de aprendizagem apresentado no Capítulo 3 deste livro e, na etapa definida como "Crie um plano de estudo", introduza o método EVP para uma preparação intensa, que prioriza os conteúdos que têm uma recorrência maior nas provas, aumentando, assim, a assertividade de temas mais relevantes, incluindo revisões e garantindo o estudo de todo o edital para evitar surpresas na prova.

Quanto mais você estudar assertivamente, mais bem preparado estará, e maiores serão suas chances de sucesso!

4.5.4 QUANDO UTILIZAR O EVP?

Em diferentes contextos de vida, você pode se apropriar dessa estratégia e crescer independentemente do momento de preparação. Analise se há, em seu contexto, alguma identificação com estas três situações:

» **Situação 1:** você está estudando com tempo para dissecar o edital prévio completo, mas, em paralelo, quer desenvolver também ações pontuais sobre os conteúdos de maior recorrência e fazer as devidas revisões.

» **Situação 2:** você já estudou o edital prévio completo e quer agora focar no edital verticalizado para se apropriar dos conteúdos de maior recorrência, dividindo o tempo dedicado aos estudos entre revisão e resolução dos exercícios.

» **Situação 3:** você estudou o edital prévio completo com as revisões, está próximo do lançamento do edital oficial e quer enfocar agora o que tem maior recorrência no concurso, priorizando revisões e exercícios.

Dessa forma, o EVP, se bem utilizado, é uma ferramenta de apoio que potencializará os seus estudos.

4.5.5 COMO ELABORAR SEU EVP PASSO A PASSO?

O próximo passo é aprender a elaborar seu próprio EVP. Siga as etapas propostas na Figura 4.12, para construir seu próprio EVP.

Figura 4.12 — Como elaborar seu EVP passo a passo

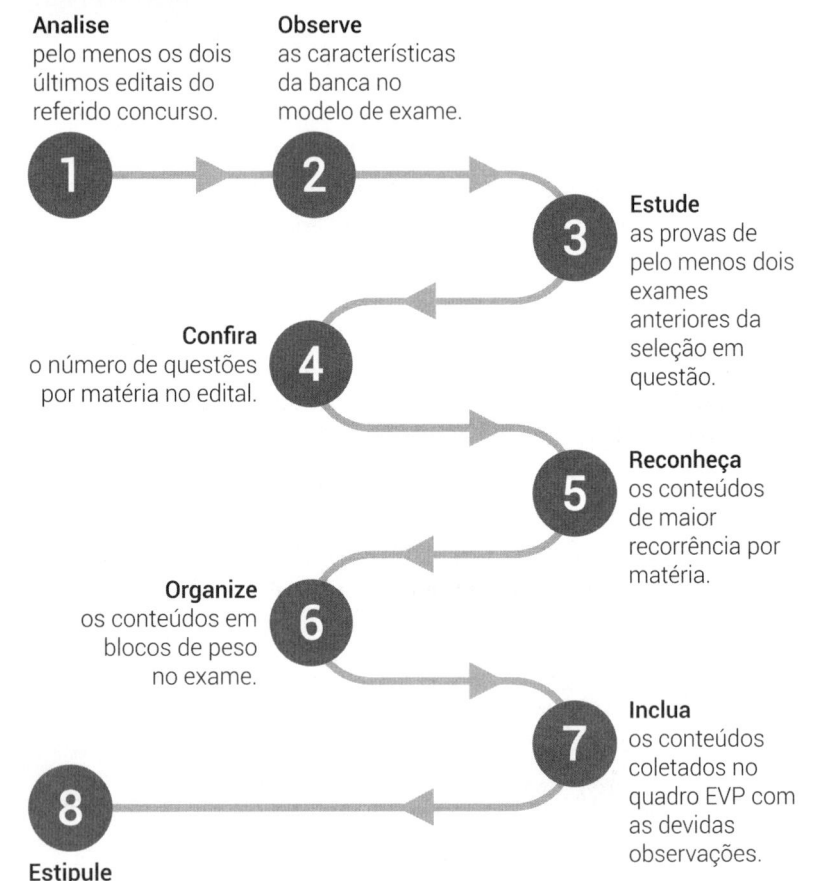

Analise pelo menos os dois últimos editais do referido concurso.

Observe as características da banca no modelo de exame.

Estude as provas de pelo menos dois exames anteriores da seleção em questão.

Confira o número de questões por matéria no edital.

Reconheça os conteúdos de maior recorrência por matéria.

Organize os conteúdos em blocos de peso no exame.

Inclua os conteúdos coletados no quadro EVP com as devidas observações.

Estipule um calendário de estudo no ciclo de revisão, priorizando as matérias de maior peso.

Fonte: www.coaching4.com

MATERIAL SUPLEMENTAR

Acesse o GEN-IO para ouvir os comentários dos autores sobre o EVP

4.5.6 ANÁLISE DE PROVAS E COLETA DE DADOS

Ao analisar os últimos editais do exame que pretende prestar, visando organizar seus conteúdos em blocos por peso, apresentamos quais são os dados e as informações que você deverá observar e coletar para uma composição efetiva do seu EVP.

1. **Visão das matérias**
   Quantifique o total de matérias/disciplinas no edital.

2. **Total de questões**
   Quantifique o número total de questões da prova.

3. **Questões por matéria**
   Quantifique o número total de questões por matéria.

4. **Tópicos de maior recorrência**
   Para cada matéria, liste os tópicos de maior recorrência.

5. **Pondere os pesos por quantidade**
   A partir da representação quantitativa da matéria no exame e dos seus tópicos mais recorrentes, agrupe os temas de maior peso e organize-os no modelo de quadro EVP.

4.5.7 MODELO DE QUADRO EVP

Monte seu quadro EVP conforme o modelo da Figura 4.13 e preencha as matérias de maior peso e seus respectivos tópicos recorrentes a partir dos dados que coletou.

MATERIAL SUPLEMENTAR

Acesse o GEN-IO para fazer o download de um modelo de quadro EVP

Figura 4.13 — Modelo de quadro EVP

Insira as informações do concurso (instituição, banca, cargo, escolaridade), as disciplinas cobradas no edital e a quantidade de questões por disciplina.

Informações do concurso

Instituição:

Publicação do edital:

Cargo:

Nível de escolaridade:

Banca:

Site para edital e inscrição:

Disciplinas organizadas por peso

Disciplina 1: _____ (__ questões)

Disciplina 2: _____ (__ questões)

Disciplina 3: _____ (__ questões)

Disciplina 4: _____ (__ questões)

Disciplina 5: _____ (__ questões)

Total: __ disciplinas __ questões

Disciplina 1 (__ questões)

( ) Data: ___/___/___ Revisão ( ) Data: ___/___/___

Conteúdo: _____

Observação: _____

( ) Data: ___/___/___ Revisão ( ) Data: ___/___/___

Conteúdo: _____

Observação: _____

4.5.8 EXEMPLO DO MODELO EVP PARA O CONCURSO TJ/CE

Caso deseje visualizar um exemplo de edital organizado no quadro EVP, faça o download do material que preparamos com base no edital do concurso do Tribunal de Justiça do Estado do Ceará (TJ/CE) para o cargo de técnico judiciário.

Você notará que as disciplinas estão categorizadas por peso, começando pelas matérias com maior número de questões na prova e os respectivos tópicos mais recorrentes.

Observe as anotações sobre o estilo da banca (Fundação Getulio Vargas) e como ela compõe uma proposta assertiva de elementos que devem fazer parte do plano de estudo.

MATERIAL SUPLEMENTAR

Acesse o GEN-IO para ver um exemplo de quadro EVP preenchido

4.5.9 EDITAIS VERTICALIZADOS PRONTOS

Usar ou não o EVP é uma prerrogativa de cada pessoa, de acordo com a percepção de valor e a contribuição percebida para si em seus estudos. Como demonstramos nesta seção, você poderá compor seu próprio edital verticalizado, mas poderá também se apropriar desse tipo de material acessando sites de cursos preparatórios, plataformas de informação sobre concursos e portais de notícias especializados na área.

À medida que os conteúdos forem exauridos e revisados no seu plano de estudo, fechando todo o programa, comece a priorizar o EVP. Isso otimizará o tempo para a produtividade com maior foco em revisões, resolução de questões e simulados, uma vez que ele é elaborado com a indicação do que precisa ser potencializado em sua preparação.

5

Às Vésperas
da Prova

Acredite que você pode e terá meio caminho andado.

Theodore Roosevelt

🎯 OBJETIVOS DO CAPÍTULO

Tão cruciais quanto a trajetória de preparação são os preparativos para a retal final. Como um atleta que prepara a mente, a emoção e o corpo antes da competição, você precisa aplicar um plano que o ajudará a reduzir a ansiedade e maximizar o seu desempenho no grande dia, ações que ativam a sua capacidade biológica de memorização, aumentam os níveis de atenção e raciocínio lógico e colocam você em sintonia com o momento de maneira equilibrada e saudável. Seu ritual final de preparação é o último estágio antes de alcançar o sucesso.

5.1   De olho na publicação do edital

Uma pessoa em preparação para concursos ou outras seleções deve ficar atenta à publicação do edital, o que tende a gerar uma dualidade de reações de empolgação e ansiedade por estar se aproximando a data. Dedique um tempo à leitura do edital, suas instruções e regras.

Geralmente, o período entre a publicação do edital e as avaliações é de 30 a 60 dias. É quando você entra na reta final, uma fase tão importante quanto todas as outras que vivenciou até aqui. Neste capítulo, serão oferecidas recomendações, *checklists* e orientações importantes para cada etapa nesta contagem regressiva, dos 30 dias finais, passando pelos 5 dias finais, até as últimas 24 horas antes do grande dia.

5.2   Os trinta dias finais

1) Finalize os assuntos mais importantes

Se você estudou todo o programa, agora o foco é o edital verticalizado, as revisões e os exercícios com maior recorrência nos concursos anteriores. Caso não tenha concluído o programa, finalize os assuntos mais importantes com uma estratégia que otimize o tempo e melhore a produtividade.

2) Trabalhe novas metas diárias e por matérias

Conforme o que vimos no Capítulo 3 sobre **ciclo de estudos**, uma reorganização para otimizar o tempo e torná-lo mais produtivo deverá ser feita, com leveza e com a certeza de que se fez o trabalho necessário até o momento.

3) Foque nas revisões

Vá direto ao ponto com o ciclo de estudos redefinido. Trabalhe com os materiais que foram esquematizados para facilitar a revisão.

4) Mantenha-se firme na resolução de questões

Aliada aos materiais de revisão, a melhor forma de aumentar a retenção e exercitar a memória, nesta fase, é se testar por meio de questões. Elas são um termômetro dos seus esforços ao longo do período de preparação.

5) Resolva simulados

Testar-se com simulados contribui para compreender o parâmetro questão-tempo, assim alinhando os aspectos cognitivos finais para a prova.

 ## 5.3   Os cinco dias finais

Nos últimos cinco dias que antecedem a prova, use o equilíbrio como um aliado estratégico. Procure balancear seu tempo de trabalho e descanso, use o modo concentrado e difuso que aprendeu e aplique técnicas aprendidas de gestão emocional e dos níveis de estresse. Lembre-se e compreenda que você não é uma máquina, e a sua segurança se dá na certeza do mérito de um percurso concluído, com metas realizadas, revisões feitas e boas estratégias implementadas. Procure observar as seguintes práticas na sua rotina.

5.3.1 DURMA BEM E MEDITE

Dormir é essencial. Sem um sono adequado, há uma perda do potencial cognitivo que diminui o rendimento nos estudos e a sua capacidade de retenção das informações. Sentiu sono durante o período de estudo noturno? Observe se isso está afetando o seu rendimento ou se você consegue manter o ritmo, lave o rosto e continue. No entanto, se for algo que realmente está afetando seu rendimento, é preferível parar e descansar.

Uma noite de sono de no mínimo seis horas deixa o corpo fortalecido para a batalha diária e de estudos. É também o tempo necessário para entrar na fase *rapid eye movement*, também conhecida como fase REM (em português, "movimento rápido dos olhos"). É nesse momento que se estabelecem processos neurais imprescindíveis para a memória.

Durante o dia, caso o sono venha em determinados horários de estudo, é possível parar em pequenos intervalos para se renovar e continuar. Evite a armadilha de entrar em uma jornada de horas excessivas de estudo nos dias finais. Permita-se descansar e dormir o tempo necessário e, ao acordar, dê-se um tempo para meditar, agradecer (o exercício da gratidão faz bastante diferença), ouvir uma boa e suave música para ativar a memória, fazer uma oração (caso tenha alguma crença) e iniciar o dia, como se diz no popular, "com o pé direito"!

5.3.2 EVITE CONSUMOS ALIMENTARES EM EXCESSO

Alimentar-se bem neste processo e ingerir bastante água ajudará na regulação do organismo; associe esses pontos a atividades físicas regulares. Nada disso precisa também de muitos recursos. É possível, com a alimentação que já se tem na rotina de casa, fazer as porções adequadas, sem excessos, hidratando o corpo continuamente.

Atividades físicas diárias de no mínimo 30 minutos, segundo especialistas, podem gerar bem-estar e fortalecer a memória. E isso pode ser feito sem recursos, numa caminhada matinal, por exemplo. O importante é movimentar-se e liberar endorfina.

Evite também a ingestão de bebidas alcoólicas, o que gera letargia e atrapalha a memória. Chegando próximo aos exames, algumas pessoas tendem a desenvolver uma compulsão por comer e aliviar a ansiedade. Esses gatilhos precisam ser observados com consciência, pois uma reorganização alimentar saudável é imprescindível no seu preparo final.

5.3.3 FOQUE NAS REVISÕES E EVITE NOVOS CONTEÚDOS

Os últimos dias devem ser dedicados a um plano de revisão geral. Não é momento para estudar novos conteúdos, pois além de consumirem tempo e energia, podem desorganizá-lo emocionalmente e causar crises de ansiedade desnecessárias. Confie no seu estudo, no seu percurso e no seu planejamento executado, fixe o tempo para revisões, além de exercícios sobre assuntos com maior recorrência em provas. A organização durante essa reta final fará muita diferença. Aplique essa regra psicológica: organização gera segurança e confiança.

5.3.4   NUTRA-SE

Seja na esfera emocional ou espiritual, procure exercitar aquilo que o fortifica e nutre interiormente. Passe tempo de qualidade com sua família, leia provérbios de sabedoria, aprecie a natureza e os pequenos detalhes da vida, medite, ore e exerça sua fé.

Regule seu nível de estresse – lembrando que o estresse é a diferença entre capacidade e demanda. Caso coloque sobre si uma demanda maior do que sua capacidade, isso inevitavelmente lhe causará estresse.

Cuide bem de seu corpo e mente e conecte-se com o Criador, substituindo insegurança por confiança.

5.3.5   ORGANIZE-SE E PLANEJE-SE
ANTECIPADAMENTE

Não deixe nada para a última hora, pois quanto mais leve estiver a sua mente, melhor. Portanto:

☐ Veja o seu local de prova antecipadamente. Faça o trajeto durante a semana com o transporte que utilizará – público, terceirizado (táxi, Uber etc.) ou particular. No caso de transporte particular, analise se, nas proximidades, existe algum estacionamento seguro para que não fique preocupado. No dia, saia de casa cedo para chegar ao local de prova, pelo menos, duas horas antes do exame.

☐ Leve água e um lanche leve – uma barrinha de cereal, chocolate ou proteína é indicada –, porque este permite uma degustação rápida. Afinal, tempo é ouro durante a prova.

☐ Analise os documentos exigidos em edital e o tipo de caneta, separe tudo com muita antecedência e crie seu "kit exame". Reserve-o em um local seguro de sua residência para apenas conferir todos os seus itens pela última vez no próprio dia da prova.

☐ Deixe a sua roupa de prova, que deverá ser leve, também separada com antecedência. Nunca a organize no dia.

☐ Crie um lembrete para retirar todos os alarmes do celular no dia do exame e desligue-o assim que chegar ao local de prova – não se pode incorrer em nenhuma displicência para não colocar em risco o seu sonho.

☐ Evite levar papéis de resumos ou fichas. Quanto menos objetos na mão, melhor. Centre-se em você e aproprie-se da segurança do que fez até o momento. Uma última conferida no dia da prova não fará diferença. Centre-se em você: isso sim ajudará a manter a harmonia das emoções e o seu foco.

 ## 5.4   As últimas 24 horas

Primeiro, lembre-se do quanto trabalhou e investiu para se preparar para este momento. Como um atleta que desenvolveu habilidades e musculatura para um alto desempenho, você está preparado, treinado e bem equipado. Todo esse trabalho constante realizado significa que você não é mais a mesma pessoa de meses atrás. Você está mais pronto do que jamais esteve. As centenas e milhares de informações que estudou e aprendeu estão firmemente plantadas em sua mente, prontas para surgir na superfície quando e como você precisar em seu exame. Você é um gênio dos exames e está silenciosamente confiante de que está pronto para mostrar seu trabalho duro ao mundo. Não é momento para titubear, hesitar ou olhar para trás. Concentre-se na sua missão e permaneça focado e resoluto na sua escolha de vencer.

Durante o dia, na véspera do exame, você pode continuar com seu plano de revisão geral. Caso o seu exame tenha temas específicos, concentre-se nesses temas. Você pode querer olhar levemente suas notas de revisão ou pedir a alguém para testá-lo em algo pela última vez.

Como última etapa do seu dia, dedique-se a organizar e deixar tudo preparado para o dia seguinte, se possível com um plano B definido em caso de imprevistos:

☐ Programe seu despertador com antecedência para um horário que lhe dê tempo de sobra para fazer tudo com calma. Providencie um alarme de reserva, seja outro despertador ou uma pessoa disposta a garantir que você esteja acordado.

☐ Selecione e separe a roupa que irá usar, preferencialmente roupas leves e confortáveis.

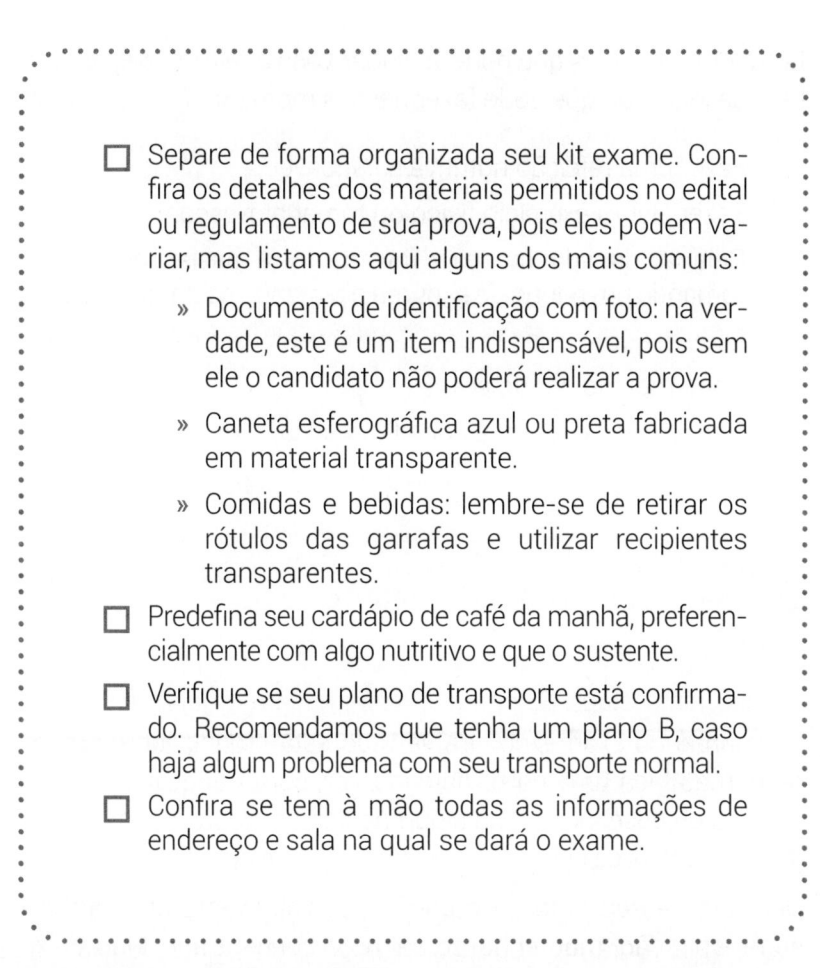

☐ Separe de forma organizada seu kit exame. Confira os detalhes dos materiais permitidos no edital ou regulamento de sua prova, pois eles podem variar, mas listamos aqui alguns dos mais comuns:

» Documento de identificação com foto: na verdade, este é um item indispensável, pois sem ele o candidato não poderá realizar a prova.

» Caneta esferográfica azul ou preta fabricada em material transparente.

» Comidas e bebidas: lembre-se de retirar os rótulos das garrafas e utilizar recipientes transparentes.

☐ Predefina seu cardápio de café da manhã, preferencialmente com algo nutritivo e que o sustente.

☐ Verifique se seu plano de transporte está confirmado. Recomendamos que tenha um plano B, caso haja algum problema com seu transporte normal.

☐ Confira se tem à mão todas as informações de endereço e sala na qual se dará o exame.

Na noite de véspera, aproveite para descansar e relaxar. Seu objetivo é deixar seu cérebro descansar e operar somente no modo difuso. Estar relaxado e bem descansado, com o sangue circulando com entusiasmo pelo corpo, é a maneira mais saudável de se preparar. Isso significa que, de manhã, sua mente estará afiada, pronta para escavar tudo o que você revisou e suficientemente ágil para aproveitar ao máximo o que você sabe.

Entre outras coisas que podem ajudar você a relaxar, segue uma lista de ideias do que pode fazer nesses momentos:

» Fazer uma refeição nutritiva e saudável.

» Fazer algum exercício físico ou tomar ar fresco.

» Relaxar da sua maneira favorita, seja assistindo TV ou tomando um banho de espuma e pintando as unhas dos pés.

» Escolher uma seleção de suas músicas favoritas.

» Contemplar o pôr do sol.

» Dormir cedo e ter uma noite fantástica.

5.5   O dia do exame

Na manhã do exame, confira se tudo está organizado e preparado, mas faça uma coisa de cada vez, com tranquilidade, sem correria ou desespero. Siga algumas destas etapas simples para garantir que você chegará ao exame calmo e confiante.

Desfrute de seu café da manhã especial. Preste atenção em sua respiração, mantenha-se calmo e concentrado. Não deixe que o nervosismo e a insegurança de outras pessoas cheguem até você. Não fale sobre o exame ou sobre quanta revisão você fez para seus amigos e familiares, pois isso não ajudará suas chances de sucesso. Se perceber a ansiedade chegando, escute alguma música que o ajude a relaxar e ficar concentrado.

Por fim, verifique novamente se você tem tudo o que precisa para o dia. Use o *checklist* apresentado aqui e você entrará na sala de exames se sentindo calmo, confiante e pronto para dar o melhor de si.

5.5.1 *CHECKLIST* FINAL

- ☐ Documento de identificação com foto.
- ☐ Kit exame.
- ☐ Roupas leves.
- ☐ Água e lanche.
- ☐ Reconhecimento do local: endereço e sala do exame.
- ☐ Transporte adotado no dia.
- ☐ Celular desligado.

 ## 5.6 Acredite no seu potencial

Acredite sempre no seu potencial e dê o melhor de si em tudo o que fizer. O simples fato de ter se dedicado à leitura deste livro no seu processo preparatório coloca a nós, os autores, Arnaldo Marion e Marcelino Viana, como parte da lista de pessoas que acreditam em você, na sua determinação, perseverança e grandes conquistas. Este é só o começo de uma jornada de grandes realizações. Lembre-se de que toda superação e conquista na vida nos exigirá mudanças significativas, mas tenha certeza de que todos os que estão ao seu redor, acreditando em seu sucesso, também serão beneficiados pelo seu crescimento, formando-se uma corrente do bem cujo protagonista é você!

Rumo ao topo!

Anexo 1

Templates do Mapa de Aprendizagem

MATERIAL SUPLEMENTAR

Todos os anexos estão disponíveis no GEN-IO para download

1. Declaração de propósito para seus estudos
2. Plano anual
3. Matriz de tempo das matérias
4. Atividades de rotina
5. Análise do tempo
6. Ciclo de estudos

1 Declaração de propósito para seus estudos

Quem você se tornará após este processo?	O que conquistará ou terá?

O que será capaz de fazer que não é capaz hoje?	Em quanto tempo isso se dará?

Como saberá que chegou lá?	O que faz isso valer a pena? Seja específico.

Minha declaração de propósitos para os estudos é:

2 Plano anual

Use este calendário anual para marcar datas importantes
(inscrição, edital e prova)

☆ Desenhe uma estrela no mês de início do seu programa de estudo.

🏁 Desenhe um *set* de bandeiras para o mês de início dos exames.

Mês 1:	Mês 2:	Mês 3:	Mês 4:
Ano:	Ano:	Ano:	Ano:
•	•	•	•

Mês 5:	Mês 6:	Mês 7:	Mês 8:
Ano:	Ano:	Ano:	Ano:
•	•	•	•

Mês 9:	Mês 10:	Mês 11:	Mês 12:
Ano:	Ano:	Ano:	Ano:
•	•	•	•

3 Matriz de tempo das matérias

Organize as matérias em cada bloco da matriz de acordo com o grau de dificuldade e peso. Cada bloco sugere quantas horas dedicar por tema.

	Difícil	**Fácil**
Específico	3 horas	2 horas
Geral	1 hora	30 minutos

4 Atividades de rotina

ATIVIDADES DIÁRIAS	TEMPO ATUAL (em horas)	TEMPO AJUSTADO (em horas)
Ritual de despertar		
Locomoção diária (ir e vir do trabalho, da escola etc.)		
Trabalho		
Cursos (idiomas, aulas particulares etc.)		
Atividade física (esportes, academia, corrida etc.)		
Alimentação		
Momentos de reflexão, meditação, oração		
Atividades domésticas e cuidados com a família		
Cursinho preparatório ou escola		
Lazer, *hobbies* e distrações		
Tempo individual de estudo		
Descanso		
Outros 1:		
Outros 2:		
Outros 3:		
TOTAL (deve se aproximar das 24 horas diárias)		

5 Análise do tempo

Preencha o relógio de 24 h marcando as fatias de tempo que você dedica para cada atividade do seu dia (trabalho, estudo, sono, refeições, distrações, deslocamento etc.).

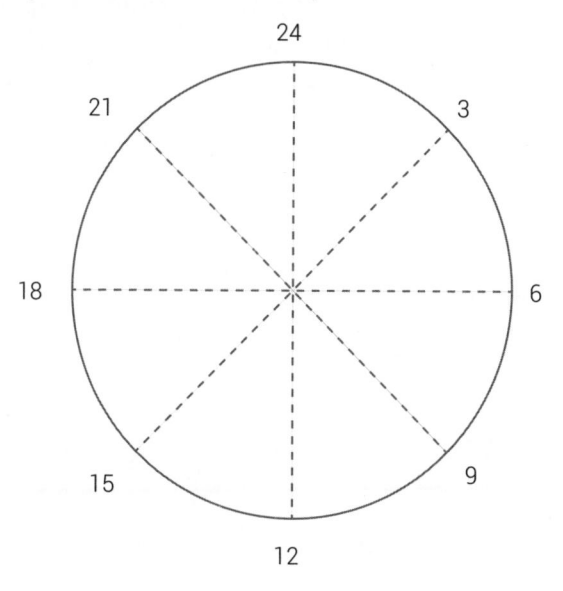

⏱ Quantidade **atual de tempo** diário dedicado aos estudos: _____

⏱ Quantidade **ideal de tempo** diário dedicado aos estudos: _____

ⓘ Variação entre o atual e o ideal (+/-): _____

> Verifique a quantidade do tempo diário dedicado aos estudos em um dia comum.
>
> Caso não disponha do tempo mínimo necessário (3 h diárias ou 20 h semanais recomendadas), quais outras atividades podem ser reduzidas ou ajustadas?

6 Ciclo de estudos

Defina a ordem das matérias escrevendo cada uma no ciclo de estudos e a quantidade de horas dedicadas a cada uma delas.

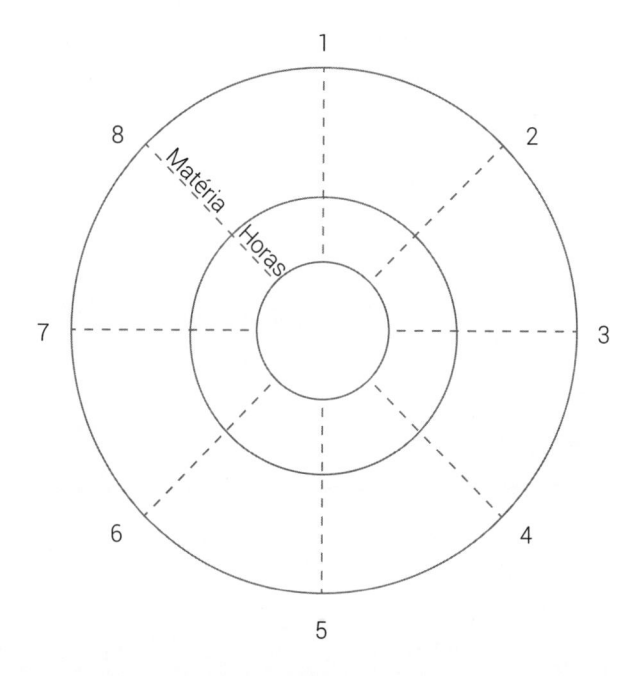

Total de horas do ciclo: _____

 Siga o roteiro do seu ciclo de horários de estudos planejados para sua semana.

Anexo 2

Templates de Memorização e Aprendizagem Acelerada

MATERIAL SUPLEMENTAR

Todos os anexos estão disponíveis no GEN-IO para download

1. Modelo de fichamento: resumo de ideias principais de um tópico/texto

2. Modelo de fichamento: resumo de ideias principais e detalhes relevantes de um tópico/texto

3. Modelo de fichamento: sumarização textual e destaque de até oito tópicos-chave

4. Modelo de fichamento: análise completa de um tópico

5. Modelo de mapa mental: sistematização do conteúdo de um tema em subtemas e suas definições

1 Modelo de fichamento: resumo de ideias principais de um tópico/texto

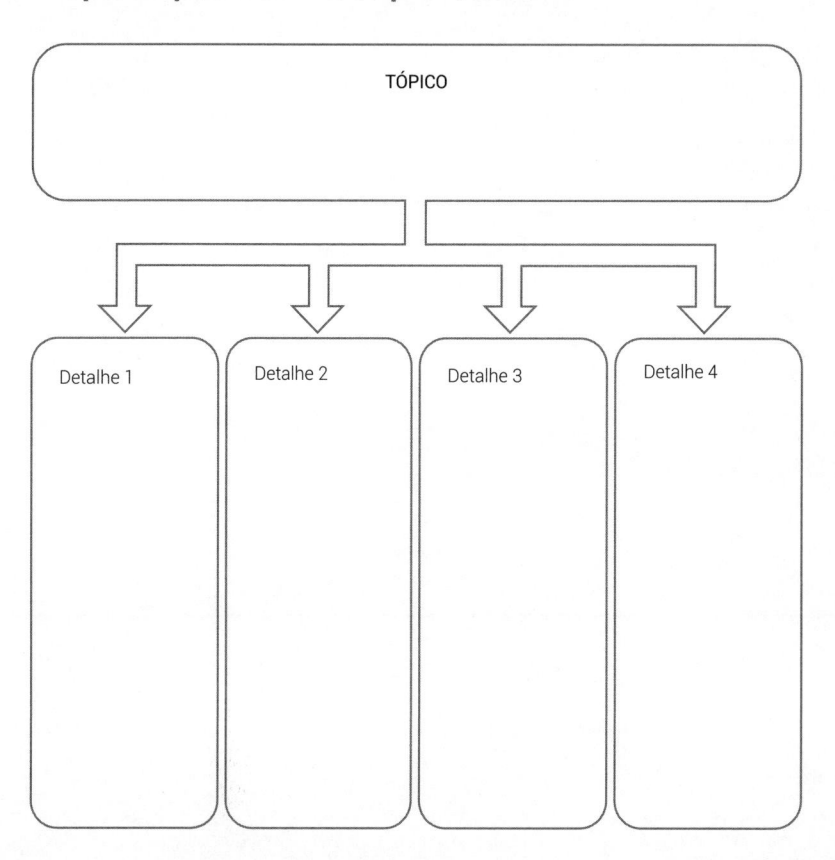

2 Modelo de fichamento: resumo de ideias principais e detalhes relevantes de um tópico/texto

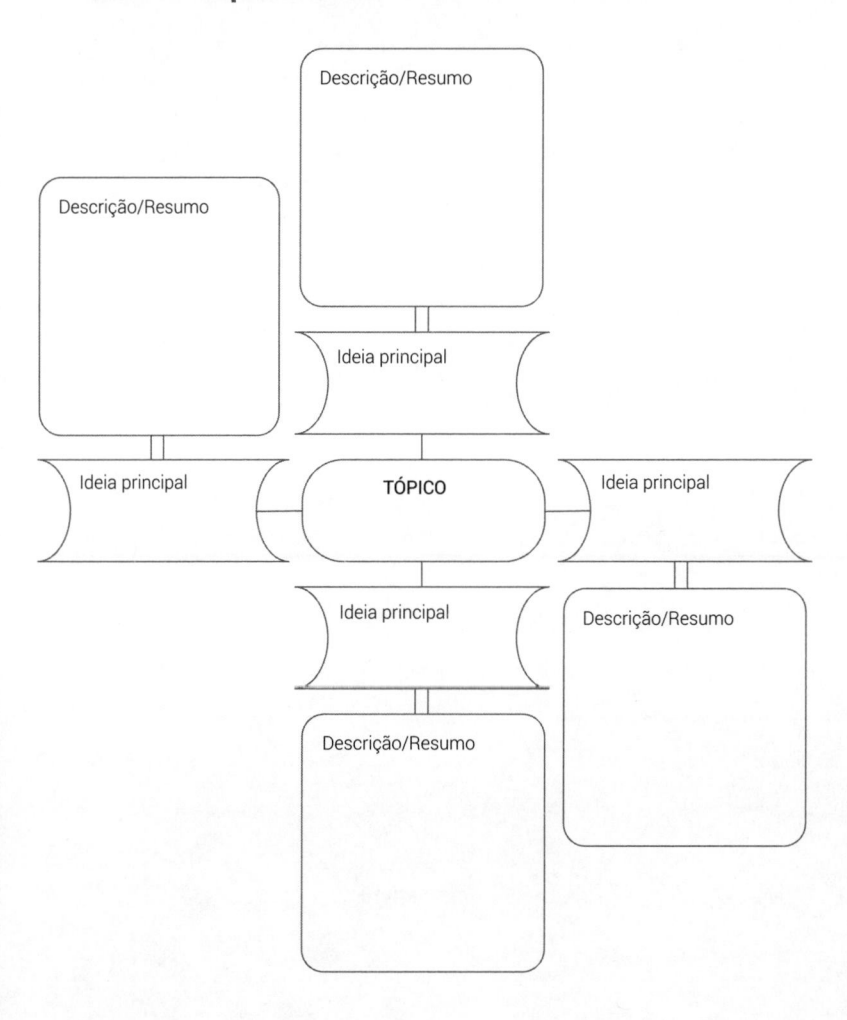

3 Modelo de fichamento: sumarização textual e destaque de até oito tópicos-chave

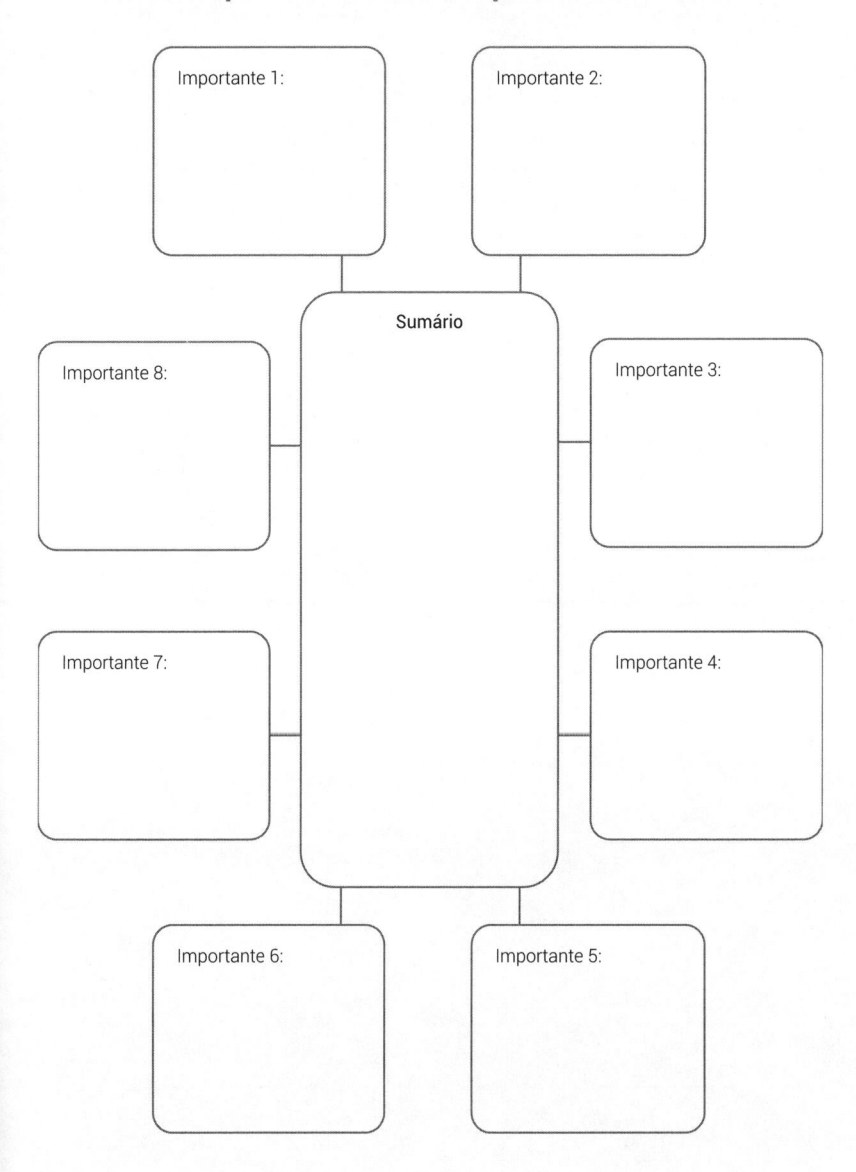

4 Modelo de fichamento: análise completa de um tópico

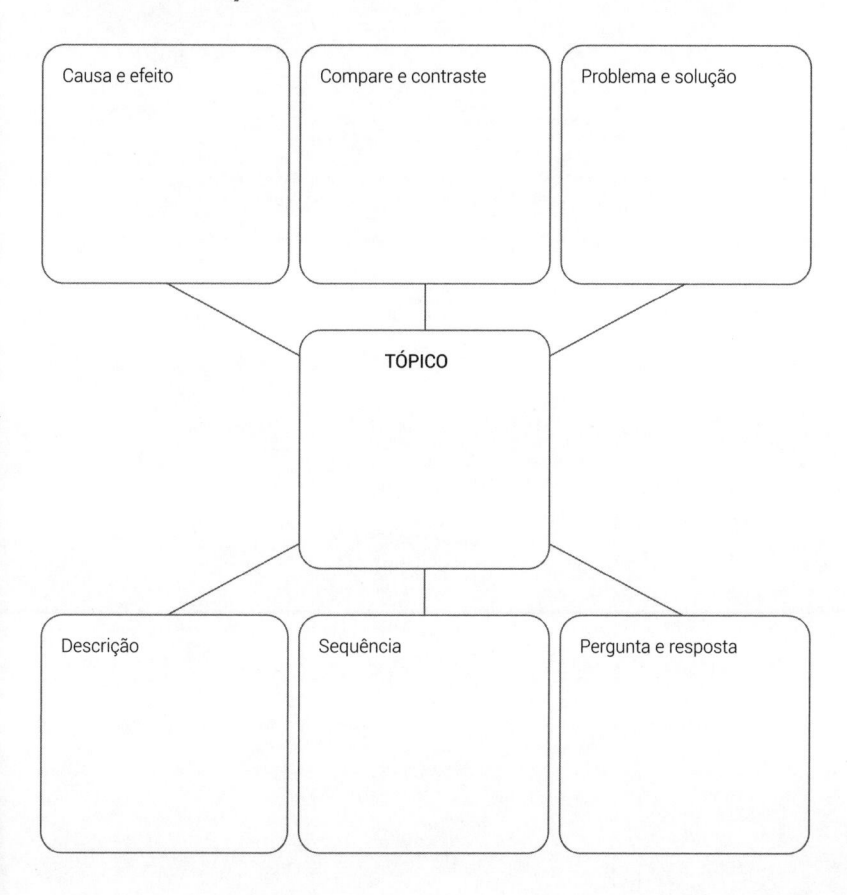

5 Modelo de mapa mental: sistematização do conteúdo de um tema em subtemas e suas definições

Referências Bibliográficas e Bibliografia

Referências bibliográficas

COSTANDI, Mo. Want to 'train your brain'? Forget apps, learn a musical instrument. *The Guardian*, London, 24 out. 2016. Disponível em: https://bit.ly/33aUEcw. Acesso em: 24 nov. 2020.

DEAN, Jeremy. How to learn anything better by tweaking your mindset. *In*: DEAN, Jeremy. *PsyBlog*. [*S. l.*: *s. n.*], 11 ago. 2014. Disponível em: https://bit.ly/3oPC81K. Acesso em: 19 nov. 2020.

DILTS, Robert. *Roots of neuro-linguistic programming*. Scotts Valley: Dilts Strategy Group, 1983.

DUHIGG, Charles. *O poder do hábito*: por que fazemos o que fazemos na vida e nos negócios. Rio de Janeiro: Objetiva, 2012.

DWECK, Carol. *Mindset*: a nova psicologia do sucesso. São Paulo: Objetiva, 2017.

ELIAS, Juliana. Abstenção de até 60% e 'paraquedistas' deixam concurso público mais fácil. *UOL*, São Paulo, 22 jul. 2018. Economia. Disponível em: https://bit.ly/35YElBz. Acesso em: 23 nov. 2020.

FIRESTONE, Robert; FIRESTONE, Lisa; CATLETT, Joyce. *The self under siege*: a therapeutic model for differentiation. New York: Taylor & Francis Group, 2013.

FREEMARK, Samara; SMITH, Stephen. Variation is key to deeper learning. *American RadioWorks*, Collegeville, 20 ago. 2014. Disponível em: https://bit.ly/3r03808. Acesso em: 19 nov. 2020.

GOLEMAN, Daniel. *Inteligência emocional*: a teoria revolucionária que redefine o que é ser inteligente. Rio de Janeiro: Objetiva, 2012a.

HARVARD MEDICAL SCHOOL. Why sleep matters. *In*: HEALTHY sleep. Boston: Harvard Medical School, 2008. Disponível em: https://bit.ly/2HkyGfG. Acesso em: 19 nov. 2020.

MARION, Arnaldo. *Manual de coaching*: guia prático de formação profissional. São Paulo: Atlas, 2017.

MAZZA, Stéphanie; GERBIER, Emilie, GUSTIN, Marie-Paule; KASIKCI, Zumrut; KOENIG, Olivier; TOPPINO, Thomas C.; MAGNIN, Michel. Relearn faster and retain longer: along with practice, sleep makes perfect. *Psychological Science*, Washington, DC, v. 27, n. 10, p. 1321-1330, 2016.

OAKLEY, Barbara; SEJNOWSKI, Terrence. *Learning how to learn*: how to succeed in school without spending all your time studying: a guide for kids and teens. New York: TarcherPerigee, 2018.

PENGAMBAM, S. Matthew Walker: the new science of sleep and dreams (transcript). *The Singju Post*, Imphal, 24 mar. 2018. Health & Wellness. Disponível em: https://bit.ly/3lQasZQ. Acesso em: 19 nov. 2020.

STEEL, Piers. The nature of procrastination: a meta-analytic and theoretical review of quintessential self-regulatory failure. *Psychological Bulletin*, Washington, DC, v. 133, n. 1, p. 65-94, 2007. Disponível em: https://bit.ly/3nJpmS9. Acesso em: 19 nov. 2020.

WESLEY, Megan. Eight biggest distractions during class. *College Magazine*, College Park, 20 abr. 2016. Disponível em: https://bit.ly/35THcf5. Acesso em: 23 nov. 2020.

WINES, Michael. From a Rwandan dump to the halls of Harvard. *The New York Times*, New York, 22 out. 2014. Disponível em: https://nyti.ms/2USKPeR. Acesso em: 23 nov. 2020.

Bibliografia

AVILA, Lucas. Roteiro de estudo OAB 1ª Fase. *In*: BLOG do curso Prova da Ordem. Florianópolis: [*s. n.*], 25 ago. 2020. Disponível em: https://bit.ly/33gnjgi. Acesso em: 21 jun. 2020.

BATISTA, Maria Isabel Batista; VIEIRA, José Leopoldo (org.). *Textos e contextos em psicomotricidade relacional*. Fortaleza: RDS, 2013. v. 2.

BEZERRA, Filipe. Princípio de Pareto: o que é e como funciona? *In*: PORTAL Administração: tudo sobre administração. [*S. l.*: *s. n.*], 3 set. 2017. Disponível em: https://bit.ly/3pZyxzJ. Acesso em: 15 abr. 2020.

BRAIN-BASED learning. *In*: EDUTOPIA. San Rafael: George Lucas Educational Foundation, 2009. Disponível em: https://edut. to/39dJEz9. Acesso em: 1 fev. 2020.

CURY, Augusto. *Treine o seu cérebro para provas*. São Paulo: Método, 2018.

DILTS, Robert. *Modelling with NLP*. Scott Valley: Dilt Strategy Group, 1998.

DOUGLAS, William; TEIXEIRA, Rubens. *As 25 leis bíblicas do sucesso*: como usar a sabedoria da bíblia para transformar sua carreira e seus negócios. Rio de Janeiro: Sextante, 2012.

DRUCKER, Peter. *The practice of management*. New York: Harper & Row Publishers, 1993.

EDITAIS verticalizados: o que você precisa saber sobre editais verticalizados. *In*: FOLHA Dirigida. Rio de Janeiro: FDO Mídia e Treinamento, 2018. Disponível em: https://bit.ly/3q3cwjp. Acesso em: 19 jun. 2020.

FONSECA, Vitor da. *Neuropsicomotricidade*: ensaio sobre as relações entre corpo, motricidade, cérebro e mente. Rio de Janeiro: Wak, 2018.

FOR educators. *In*: BRAINFACTS.ORG. Washington, DC: The Kavli Foundation, c2020. Disponível em: https://bit.ly/2V3nEP0. Acesso em: 1 fev. 2020.

FRONTELMO, Ana Clara. Planejamento nota 10: como iniciar seu plano para concursos. *In*: BLOG Folha Dirigida: dicas para concursos e carreiras. Rio de Janeiro: FDO Mídia e Treinamento, 21 fev. 2020. Disponível em: https://bit.ly/2HzGgDc. Acesso em: 18 maio 2020.

GALLWEY, W. Timothy. *The inner game of tennis*: the classic guide to the mental side of peak performance. New York: Random House Trade Paperback, 2008.

GOLEMAN, Daniel. *O cérebro e a inteligência emocional*: novas perspectivas. Rio de Janeiro: Objetiva, 2012b.

GOLEMAN, Daniel. *Foco*: a atenção e seu papel fundamental para o sucesso. Rio de Janeiro: Objetiva, 2014.

LEI de Pareto é transformada em método ultra rápido de aprovação em concursos no Brasil! *In*: TUDO sobre concursos: maior portal gratuito sobre concursos públicos. [*S. l.: s. n.*], 2019. Disponível em: https://bit.ly/2V1ttwE. Acesso em: 20 maio 2020.

MARION, Arnaldo. *Coaching financeiro*: guia prático de aplicação. São Paulo: Atlas, 2019.

MATTEU, Douglas de *et al. Coaching*: aceleração de resultados. São Paulo: Ser Mais, 2015.

OAKLEY, Barbara. *Mindshift*: break through obstacles to learning and discover your hidden potential. New York: TarcherPerigee, 2017.

OLIVEIRA, Gilberto Gonçalves de. *A pedagogia da neurociência*: ensinando o cérebro e a mente. Curitiba: Appris, 2015.

REDDY, Leia; THORPE, Simon J. Concept cells through associative learning of high-level representations. *Neuron*, Cambridge, MA, v. 84, n. 2, p. 248-251, 2014. Disponível em: https://bit.ly/3l72ABl. Acesso em: 3 mar. 2020.

SILVA, Janara da. A pirâmide de aprendizagem de William Glasser. *In*: INCAPE: excelência em formação humana. Fraiburgo: Incape, 13 set. 2019. Disponível em: https://bit.ly/2UZKPdh. Acesso em: 20 maio 2020.

SILVA NETO, Marcelino Viana da. *Vivências e concepções de jovens institucionalizados*. 2012. Dissertação (Mestrado em Psicomotricidade Relacional) – Universidade de Évora, Évora, 2012.

TAG: professor Marcelino Viana. *In*: BLOG Folha Dirigida: dicas para concursos e carreiras. Rio de Janeiro: FDO Mídia e Treinamento. Disponível em: https://bit.ly/3pXW7Nf. Acesso em: 19 jun. 2020.

TUDO sobre técnicas de estudos para concursos. *In*: FOLHA Dirigida. Rio de Janeiro: FDO Mídia e Treinamento, 21 fev. 2018. Disponível em: https://bit.ly/2IZNocZ. Acesso em: 20 maio 2020.

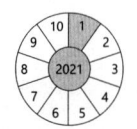